Paolo Scquizzato

LOB DES UNVOLLKOMMENEN LEBENS

Paolo Scquizzato

LOB DES
unvollkommenen
LEBENS

Eine christliche Alternative
zum Perfektionismus

VERLAG NEUE STADT
MÜNCHEN · ZÜRICH · WIEN

Titel der italienischen Originalausgabe:
ELOGIO DELLA VITA IMPERFETTA
© 2013 Effatà Editrice, I-1000 Cantalupa (Torino)
www.effata.it

Ins Deutsche übertragen von Stefan Liesenfeld

Klimaneutral gedruckt – weil jeder Beitrag wichtig ist

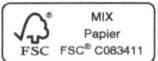

MIX
Papier
FSC FSC® C083411

klimaneutral
Mehr Bäume.Weniger CO$_2$

2022, 1. Auflage
© Alle Rechte der deutschen Ausgabe bei
   Verlag Neue Stadt GmbH, München
Umschlaggestaltung (unter Verwendung eines Werkes
   von © Filippo Rossi (s. S. 8) und Satz: Neue-Stadt-Grafik
Druck: CPI books GmbH, Leck
ISBN 978-3-7346-1303-6

www.neuestadt.com

Zu diesem Buch

Die „Selbstverwirklichung", lange Zeit in aller Munde, scheint von der „Selbstoptimierung" abgelöst worden zu sein. Der Wunsch, das Beste aus sich herauszuholen, das Beste aus sich zu machen, eine möglichst perfekte Figur abzugeben (und zu haben), kann einen regelrecht besetzen. Und das stresst, es ermüdet, überfordert. Viele Menschen leiden darunter, dass sie eigenen wie fremden, realen oder eingebildeten Ansprüchen nicht genügen. Der äußere wie innere Druck ist hoch, beruflich, im privaten Umfeld, sogar in der „Freizeit", und er ist – trotz einiger Gegenbewegungen – durch die sozialen Medien weiter gewachsen. „Aufgehübschte" Bilder in der Werbung, immer mehr bearbeitete Selfies usw. können dazu führen, dass eine Spirale in Gang kommt, die auf subtile Weise den Druck erhöht – und damit auch das Empfinden der eigenen Unzulänglichkeit. *Nobody is perfect* – aber irgendwie möchte „man" es doch sein:

Ein merkwürdiger Perfektionismus hat sich in vielen Bereichen breitgemacht, der niemandem guttut.

Auch im religiösen Bereich gab und gibt es ein falsch verstandenes „Vollkommenheitsstreben", auch da oft gepaart mit dem Bemühen, möglichst gut dazustehen: vor dem eigenen Gewissen, vor anderen, vor Gott. Auch hier kennen viele das Empfinden des Nicht-Genügens, des Zurückbleibens hinter eigenen Vorsätzen, hinter Erwartungen, hinter hohen moralischen Ansprüchen. (Dass andere, auch offizielle Vertreter der Kirche, ebenfalls und manchmal auf erschreckende Weise versagen, macht es nicht besser.) Das zunächst sicher gut gemeinte Bemühen um ein „Voranschreiten im geistlichen Leben" und ein „Immer-vollkommener-Werden" kann entmutigen und führt, wie schon Dietrich Bonhoeffer bemerkte, auf Dauer zu umso schmerzlicherer Enttäuschung über sich selbst (vgl. S. 48f). Wir sind und *bleiben* unvollkommen! Aller Perfektionismus steht von vornherein auf verlorenem Posten. Mit zunehmender Erfahrung zeigt sich das umso deutlicher. Schon rein äußerlich: Ein jugendliches Aussehen ist nicht konservierbar. Nicht weniger auf dem „inneren Weg": Das Leben hinterlässt auch da seine Spuren. Die Geschichte der Spiritualität ist voller Menschen, auch Heiliger, die zum Ende ihres Lebens hin schwierige Etappen durchlebten – mit „Rückschritten" (vermeintlichen oder realen: Wem stünde es zu, dies zu beurteilen?), mit Glaubenskrisen und Scheitern. Das Leben muss kein „Aufstieg" sein, schon gar kein linearer.

Paolo Scquizzato, gebürtiger Turiner und Priester mit viel Erfahrung in der geistlichen Begleitung, hat in einem hierzulande lange nicht entdeckten Büchlein ein „Lob des unvollkommenen Lebens" angestimmt. Und zwar aus einer *befreienden* christlichen Perspektive, die tief verwurzelte Vorstellungen auf den Kopf stellt. Dabei ist sie, wie Scquizzato zeigt, durch und durch biblisch: *frohe* Botschaft in unsere Begrenztheit und Zerbrechlichkeit, in unsere Unvollkommenheiten und Unzulänglichkeiten hinein. Wir haben allen Grund, uns „unserer Schwachheit" zu rühmen wie Paulus – und nicht der Fortschritte in Richtung Vollkommenheit. Paradoxerweise setzt *diese* „Umkehr", wie Scquizzato es nennt, Kräfte frei, die tatsächlich Blockaden lösen und Neues in Gang setzen können.

Es waren gleich mehrere Leserinnen und Leser, die uns im Verlag Neue Stadt auf diese „Perle" auf dem italienischen religiösen Buchmarkt aufmerksam gemacht haben. Ihnen sei von Herzen gedankt. Besonders aber dem Autor – und vor allem dem, von dem er sich in Bann hat ziehen lassen: jenem Gott, der eine schier unglaubliche Vorliebe für das hat, was so gar nicht zu ihm zu passen scheint, einem überraschend anderen Gott, der zu uns und unserem unvollkommenen Leben bedingungslos Ja sagt: einfach befreiend.

Stefan Liesenfeld

Zum Cover

Für den Umschlag dieses Buches habe ich ein Werk von Filippo Rossi gewählt. Ich schätze ihn und sein künstlerisches Schaffen sehr: Sein Werk gibt Zeugnis von der Offenbarung, die sich durch die Kunst ereignet, von einem Heil und einer Heilung, die woanders ihren Ursprung haben und sich Bahn brechen in die oft dunkle Wirklichkeit, die einen jeden Menschen besetzen, ja das Leben zur Hölle machen kann. Wir sind Gezeichnete, manches Mal vom Leben „Gekreuzigte". *Rot* ist der Hintergrund der Abbildung auf dem Umschlag: die Farbe vergossenen Blutes.

Rossis Kunst ist aber zugleich wie die Epifanie der Gnade. *Gold*: das Aufleuchten einer gratis gegebenen Präsenz. Kraftvoll bricht sie durch – durch die Liebe, die stärker ist, die sich als siegreich erweist, die wiederherstellt und nichts einfach wie Unrat beiseiteschafft. Auch nicht das menschliche Versagen, auch nicht die Sünde: Ausgerechnet sie wird zum Treibstoff, der Heil und Heilung, der Barmherzigkeit in Bewegung setzt.

Heutzutage kommt meines Erachtens kein Mensch darum herum, sich auf den Weg zu einem spirituellen Leben zu begeben: sich zu öffnen für die Möglichkeit, erreicht zu werden, umarmt, geliebt. Geheilt und erlöst. Die Werke von Filippo Rossi spiegeln dieses tiefe Glück wider, nach dem sich unser Herz so sehr sehnt und für das es gemacht ist.

Paolo Scquizzato

Coverabbildung: © Filippo Rossi, Mosaicale 14 (Sol invictus),
60 x 60 cm, Mischtechnik auf Polystyrol

Filippo Rossi, Jahrgang 1970, Künstler, seit 1997 Dozent an der Stanford University, widmet sich insbesondere dem Thema des Heiligen; Ausstellungen seiner »abstrakten Ikonen« haben ihn international bekanntgemacht.

Inhalt

Die Frohe Botschaft hören

VOM WERT
UNSERER GRENZEN

Das Gleichnis der Perle

Die Perle – wunderbar, kostbar!
Sie wächst aus dem Schmerz.
Sie entsteht, wenn eine Muschel verletzt wird.

Wenn ein Fremdkörper, etwa ein Sandkorn, in sie eindringt und sie verunreinigt wird, beginnt sie eine Substanz zu bilden, mit der sie ihren Körper schützt. Es bildet sich eine schöne, glänzende Perle. Ohne eine Verletzung könnte eine Muschel keine Perle hervorbringen, denn die Perle ist eine vernarbte Wunde.

Wie viele Wunden tragen wir mit uns herum, wie viel Unschönes, Unreines wohnt in unserem Inneren! Grenzen, Schwächen, Sünde und Schuld, Unfähigkeit, Unzulänglichkeit, psychophysische Probleme, unsere ganze Zerbrechlichkeit … Und wie viele Wunden gibt es in den Beziehungen zu anderen Menschen? Immer wieder stehen wir vor der grundlegenden Frage: Was machen wir damit? Wie gehen wir damit um?

Um es ganz kurz zu sagen: Der einzige Ausweg ist, unsere Wunden in jene Substanz zu hüllen, die sie vernarben lässt, ja, die es uns sogar ermöglicht zu erleben, wie daraus Perlen erwachsen können. Diese Substanz ist – die Liebe.

Andernfalls kann es passieren, dass wir im Groll gegenüber anderen wegen ihrer Fehler und Schwächen verharren, dass wir uns selber mit Schuldgefühlen quälen, weil wir nicht so sind, wie wir meinen, dass wir sein sollten. Oder weil wir Gefühle haben, von denen wir meinen, sie dürften nicht sein.

Wir tragen die Idee mit uns herum, wir müssten *anders* sein; um von uns selbst, von anderen und von Gott akzeptiert werden zu können, dürften wir nicht so oder so sein. Wir fühlen uns nicht gut genug, unzulänglich, womöglich unanständig. Wir wären gerne ohne „Fremdkörper", rein und unversehrt … Aber das ist unmöglich, und sollten wir glauben, wir wären so, dann hieße das nicht, dass wir so sind, sondern lediglich, dass wir unsere Verletzungen und Verwundungen nicht wahrhaben wollen; dass wir noch nicht ja dazu sagen können; dass wir noch nicht dahin gekommen sind, uns und anderen zu vergeben; dass wir dieses Schmerzliche noch nicht haben verstehen und umwandeln können. Sollten wir meinen, wir wären

„unversehrt", ohne Schuld und Verletzungen, dann wären wir schlicht arm und schrecklich leer: wie eine leere Muschel.

Es ist fundamental wichtig, die Bedeutung der real existierenden Grenzen und Begrenztheiten – in uns und außerhalb von uns – zu erfassen: die Bedeutung der Wunden und Verletzungen, der Schattenseiten.

Gerade aus einer christlichen Perspektive, im Licht des Evangeliums zeigt sich, dass ausgerechnet dort, wo unser Inneres wie das der anderen verschattet und begrenzt ist, d e r Ansatzpunkt einer befreienden Heilserfahrung liegt. Ja, diese Erfahrung ist tatsächlich möglich: Nichts, aber rein gar nichts von dem, was in uns ist, ist einfach wertloser Unrat, der bloß zu entsorgen wäre. „Alles könne in Gnade verwandelt werden, selbst die Sünde, sagte Augustinus. Auch unsere Nöte und Verwundungen im Bereich der Sexualität oder psychische Probleme, würden wir ergänzen. Alles kann zu etwas dienen, sofern wir darin eine Gelegenheit sehen, uns zu öffnen, uns neu beschenken zu lassen, Leben zu teilen. Wir täten unrecht daran, etwas einfach abzutun und geringzuschätzen. Es kommt darauf an, es gut zu nutzen. All das ist Stoff zur Heiligung" (André Daigneault).

Wenn wir die Dinge so zu sehen beginnen, hat sich in uns eine echte Bekehrung ereignet, jene Umkehr, griechisch: *metanoia*, von der das Evangelium spricht. Unser Denken ist neu geworden, endlich haben wir jene Denkweise hinter uns gelassen, nach der unser Heil darin bestünde, „rein" und ohne Schwächen und Sünden zu sein. Im Gegenteil, unser Heil und unsere Heiligkeit liegen darin, uns endlich bewusst zu werden, wer wir, wie wir wirklich sind: verwundet, begrenzt, zerbrechlich – und zugleich Objekt der „verrückten" Liebe eines Gottes, der – gerade *weil wir so sind* – kommt, um uns zu besuchen, um bei uns zu sein und in uns zu wohnen.

„Heiligkeit hat so wenig mit Vollkommenheit zu tun, dass wir sie geradezu als ihr glattes Gegenteil bezeichnen könnten. Die Vollkommenheit ist die verwöhnte jüngere Schwester des Todes. Heiligkeit hingegen ist der intensive Geschmack am Leben, so wie es ist – eine kindliche Fähigkeit, sich an dem, was ist, zu freuen, ohne anderes haben zu wollen" (Christian Bobin).

Das Evangelium zeigt uns immer wieder, dass all das, was von Grenze und Begrenztheit spricht, die Möglichkeit seiner Erfüllung in sich trägt.

Jesus sagt einem jeden von uns: Liebe den Teil von dir, den du nicht haben möchtest. Beginne, ihn liebevoll zu betrachten, und du wirst sehen, dass da eine kostbare Perle in dir ist. Eine als solche anerkannte Verwundung, die von der Liebe umfangen ist, lässt dich erfahren, welchen Schatz du in dir trägst!

Das Evangelium lädt uns nachdrücklich ein, unsere Grenzen und unsere Zerbrechlichkeit „in die Mitte" zu stellen; denken wir etwa an die Geschichten vom Mann mit der gelähmten Hand (Markus 3,3; Lukas 6,8) oder von dem Gelähmten (Lukas 5,19). Unsere Schattenseiten „in die Mitte" zu stellen, das heißt zum einen, auch diesen Teil unserer Existenz anzuerkennen, und zum anderen, dass sie nicht das letzte Wort über uns und unsere Existenz haben, wie uns der *auferstandene* Gekreuzigte zu verstehen gibt.

Wir haben die Wahl: Setzen wir auf die Stärke oder auf die Schwäche? In Wahrheit sind gerade unsere Unzulänglichkeit und unsere Schwäche eine Kraft, die alle anderen übertrifft; denn sie haben Gott auf ihrer Seite. „Wenn ich schwach bin, dann bin ich stark" (2 Korinther 12,10).

Diese Wahrheit gehört wieder in die Mitte unseres Lebens als Christen gerückt. *Im Evangelium steht immer der Mensch in all seiner Bedürftigkeit, in seiner Krankheit, in seinem Verwundetsein, in seiner Schwäche und Zerbrechlichkeit im Mittelpunkt.*

Das aber hat Konsequenzen auch für unser Zusammensein, für unsere Familien, für die Kirche etc., für unser Leben als Christen: Nicht das Stark-Sein, nicht ein „Seinen-Mann-Stehen", nicht das eigene Schaffen, nicht die obsessive Einhaltung heiliger Gebote, nicht der untadelige moralische Lebenswandel sind das Zentrale, nein, in die Mitte gerückt gehört gerade unsere Bedürftigkeit, unsere Schwachheit.

Versöhnung mit den eigenen Grenzen

Wir sollten das Bewusstsein für das Faktum der Begrenztheit, der Grenzen wiedergewinnen und uns damit versöhnen. Wir existieren nur als Begrenzte. Wir wurden zu einer bestimmten Zeit geboren und werden sterben: Wir sind *in der Zeit Begrenzte*. Wir haben einen Leib mit klaren Konturen, der uns von unserer Umgebung abhebt: Wir sind *räumlich Begrenzte*. Wir würden gerne mehr lieben können, uns hier und da anders verhalten, doch tagtäglich machen wir die schmerzliche Erfahrung, dass wir „nun mal so sind, wie wir sind". Jeder hat seine Geschichte, seine psychische Verfassung, seine ungesunden Seiten: Wir sind *in der Liebesfähigkeit Begrenzte*.

Gar nicht zu sprechen von der *Grenze des anderen*. Der andere ist schon dadurch, dass er ein anderer ist, für uns, für unser Ich begrenzend. Und oft erleben wir das „Anders-Sein" als etwas, das zu dem, wie wir meinen, dass es sein sollte, im Widerspruch steht. So und so hätten wir es gerne, doch in uns und außerhalb von uns sieht es anders aus: Die Realität enttäuscht unsere Wünsche, aber ob wir wollen oder nicht: Das *ist* die Realität!

Wenn das Anders-Sein uns ängstigt, wird es zum Feind. Ein Feind aber wird bekämpft und, wenn möglich, ausgeschaltet.

Heutzutage sehen wir die Grenze, die Begrenztheit überwiegend als etwas Negatives: Sie steht für Beschränkung, Behinderung, Zwang, Unterdrückung. Die alten Griechen hatten eine andere Sicht: Grenzen galten als Hilfe, Gut und Böse zu scheiden. Das Laster und die Sünde bestanden im Exzess; die Tugend und das Gute lagen in der „gesunden Mitte", ohne dass die Grenzen zur Übertreibung überschritten wurden. Im ethischen Empfinden der antiken Welt war der schlimmste Fehler die Hybris, die Maßlosigkeit, der Exzess, eben die Grenzüberschreitung.

Heute hingegen klingt so ziemlich alles, was nach Begrenzung riecht, nach Einengung und Zwang. Es ist von vornherein negativ besetzt: Gefühle der Abhängigkeit, des Ausgeliefertseins kommen hoch; es geht einem etwas ab – und von all dem will man sich möglichst schnell befreien. Alles soll heute *off-limits* sein, grenzen-los: in der wissenschaftlichen Forschung, im Sport, in allen möglichen Aspekten des Alltags. Verträge können annulliert werden, Beziehungen in der Arbeitswelt sind kurzlebig und austauschbar, ein gegebenes Wort und ein Versprechen zählen nicht viel; die Grenzen der Scham verschieben sich mehr und mehr, Reue zu zeigen oder um Vergebung zu bitten, scheint oft etwas von gestern zu sein. Neue Technologien und neue Medien haben Zeit und Raum verdichtet und räumliche Distanzen mehr oder weniger bedeutungslos werden lassen: Alles scheint end-los, grenzen-los.

Eine Folge ist, dass die letzte geheimnisvolle Grenze des Lebens, der Tod, schlichtweg inakzeptabel wird. Die Begrenztheit des Lebens hat etwas Anachronistisches, wirkt absurd in einer Welt der Grenzüberschreitung: In irgendeiner Weise unsterblich zu sein wird zum Imperativ.

Auch die genannte Erfahrung, dass andere uns unausweichlich begrenzen, passt nicht ins Konzept. Das Du wird irgendwie als Angriff auf unsere Freiheit empfunden, als Infragestellung unserer festen Überzeugungen, als Gefahr für unseren Erfolg, für unsere Position, wollen wir doch so gern die Ersten, wenn nicht die „Einzigen" sein ... Davon erzählt schon das erste Buch der Bibel in der Geschichte von Kain, der mit der Geburt seines jüngeren Bruders Abel seine Stellung als *einziger* Sohn verliert. Um wieder der einzige zu sein, gibt es eine Lösung: den Bruder, den „Kontrahenten", zu eliminieren (vgl. Genesis 4,1-8).

Etymologisch bedeutet eliminieren: von der Schwelle (lateinisch *limen*) vertreiben (der erste Buchstabe ist ein sogenanntes *e-privativum*), das heißt den anderen hinauswerfen aus dem Haus, aus der eigenen Geschichte, weil er einem hinderlich ist beim Streben, so zu sein, wie man gerne wäre: ohne Begrenzung, ohne Beschränkung.

Negierung der Grenze auf Kosten der Authentizität

Christian Bobin schreibt: „Prüfungen haben mir nie gelegen. Nicht dass ich ‚ein schlechter Schüler' gewesen wäre, wie man so sagt. Wenn ich erriet, was von mir erwartet wurde, habe ich das abgeliefert. Aus der Kunst zu lernen habe ich ganz subtil eine Kunst des korrekten Angebots gemacht – entsprechend der Meinung, dem anderen immer das geben zu müssen, was er erwartet, und nicht das, was wir selbst uns wünschen. Das, was Erfolg verheißt, nicht das, was man ist. Was Erfolg verspricht, ist nie das, was wir selber sind. Es ist etwas anderes. So habe ich sehr früh gelernt, zu geben, was eigentlich gar nicht meines war" (in: *Eloge du rien*).

Der Mensch ist ein fantastischer Schauspieler. Das Drama, in dem er spielt, heißt: *Leben, wie es die anderen von mir erwarten.* Er lebt nicht nach den Möglichkeiten, die er in seiner Lebensgeschichte realisieren könnte, er lebt nicht „wahrheitsgemäß".

Das Problem liegt darin, dass das, was ein anderer von uns erwartet, nie das ist, was wir selbst sind; und dies führt zwangsläufig dazu, dass wir oft etwas geben und zeigen, was wir nicht haben und letztlich auch nicht sind. Wir wollen vor den anderen möglichst perfekt erscheinen, ohne unsere Schwächen und unsere Zerbrechlichkeit zu zeigen. Die *Performance* zählt: Wir geben uns so, wie andere es sich erwarten, so, dass wir akzeptiert werden, gemocht und geschätzt. Geliebt.

Von klein auf lernen wir das gegenüber den Eltern, dann gegenüber den Lehrerinnen und Lehrern, gegenüber Arbeitgebern, in der Partnerschaft, auch uns selber und unseren eigenen Erwartungen an uns gegenüber, auch Gott gegenüber.

Aber so kann man nicht leben, nicht auf Dauer. Niemand hält es aus, sich ständig beweisen zu müssen, einen tadellosen Auftritt hinzulegen, den anderen gefallen zu wollen. Wir sollten uns von den anderen nicht derart konditionieren lassen, sondern lernen, unseren eigenen Weg zu gehen und wir selbst zu sein. Die Bibel erinnert uns an unseren „Ursprung" bei Gott, *von ihm* sind wir gewollt, ihm verdanken wir unser Leben. Er kennt uns, unser tiefstes Wesen, und in diesem Wissen, in der Beziehung zu ihm können wir zu der Freiheit finden, *unseren* Weg zu gehen![1]

Das Drama von uns Christinnen und Christen liegt nun aber oft darin, dass wir auch vor Gott etwas darstellen wollen. Auch ihm gegenüber treten wir als *Performer* auf. Aus dem Christentum haben wir „die Religion des Strebens nach moralischer Vollkommenheit" gemacht und Heiligkeit mit einem moralisch untadeligen Lebenswandel verwechselt. Als ob das *die* Bedingung wäre, um von Gott geliebt zu werden und seine Gaben bekommen zu können. Doch die einzige Gabe, die Gott mir gewähren kann, wird nichts anderes sein als er selbst: Liebe, Vergebung, Barmherzigkeit. Und er kann es in dem Maße, wie ich mich ihrer bedürftig weiß. Ich muss nicht den Vollkommenen spielen, sondern darf in meiner Unzulänglichkeit, eben auch als Sünder, schwach und elend vor ihn treten: Gerade so kann ich von ihm beschenkt werden.

„Die Heiligkeit, die Jesus uns anbietet, … ist eine Heiligkeit, die in unserer Armut angenommen werden will. Christus ist für die Sünder und die Schwachen gekommen, nicht für die Starken, für die, denen es gut geht. Die menschliche Vorstellung von Heiligkeit, die auf dem Streben danach und auf der Askese

---

[1] Vgl. hierzu auch: Anselm Grün, Buch der Lebenskunst, Freiburg i. Br. 2002. – Dass unser Ursprung bei Gott liegt, fasst Psalm 139 in die eindrücklichen Worte: „Du hast mein Inneres geschaffen, mich gewoben im Schoß meiner Mutter. Ich danke dir, dass du mich so wunderbar gestaltet hast … Deine Augen sahen, wie ich entstand, in deinem Buch war schon alles verzeichnet …" (Anm. d. Übers.).

gründet, folgt einer Spur, die im diametralen Gegensatz zu jener Heiligkeit steht, wie Jesus sie uns im Evangelium anbietet."[2]

Unser Heil finden wir nicht dann, wenn wir alles Negative in uns besiegt haben, sondern wenn wir beginnen, in der Wahrheit zu leben, so, wie wir wirklich sind; wenn wir beginnen, ja zu uns zu sagen – mit unserer Zerbrechlichkeit und Schwachheit. Auch die Unvollkommenheiten, unsere Verletzungen und unsere Sünden sind Teil von uns, gehören zu uns. Es gibt uns nicht ohne all dies, auch wenn wir noch so gerne anders wären und uns hinter Masken verstecken, wenn wir fremden Drehbüchern folgend eine Rolle spielen, die uns nicht entspricht.

Das Evangelium ist eine Schule des Realismus. Jesus ist gekommen, um uns die Schauspielermasken abzunehmen und uns zu befreien, damit wir endlich wir selbst sein können – auch um den Preis, in den Augen der Welt ungeeignet und verrückt zu erscheinen. Khalil Gibran beschreibt dies anschaulich in „The Madman" (1918)[3]: „Du fragst mich, wie ich ein Irrer wurde. Das war so: Eines Tages ... erwachte ich aus einem tiefen Schlaf und bemerkte, dass alle meine Masken gestohlen worden waren – die sieben Masken, die ich in sieben Leben geformt und getragen hat-

---

2 André Daigneault, The Way of Imperfection, 2016.
3 Wörtlich: der Irre, der Verrückte; eine deutsche Ausgabe erschien unter dem Titel „Der Narr" (Düsseldorf 2014).

te. Ohne Maske rannte ich durch die überfüllten Straßen und schrie: ‚Diebe, Diebe, verdammte Diebe!‘ Männer und Frauen lachten über mich, und aus Angst vor mir liefen einige zurück zu ihren Häusern. Und als ich am Marktplatz ankam, schrie ein Junge vom Dach eines Hauses: ‚Das ist ein Irrer!‘ Ich blickte nach oben, um ihn zu sehen; zum ersten Mal küsste die Sonne mein nacktes Gesicht, und meine Seele entbrannte in Liebe zur Sonne, und ich wollte meine Masken nicht mehr. Wie in Trance schrie ich: ‚Gesegnet, gesegnet seien die Diebe, die mir meine Masken stahlen!‘ "

Jesus ist gekommen, um uns die Angst zu nehmen, wir könnten irgendjemandem gegenüber nicht auf der Höhe sein, sei es vor uns selbst, vor einem anderen Menschen oder vor Gott. Adam, der Mensch aller Zeiten, hat sich genau aus diesem Grund versteckt. Er war nackt und hatte Angst. Vor Eva hat er sich verteidigt, indem er sie anklagte, vor Gott hat er sich im Abgrund versteckt.

Das Evangelium ist eine beständige Erinnerung an die Inkarnation: an den nahegekommenen Gott, der nicht kam, um uns unsere mangelnde Eignung, unsere Schwachheit, unsere Grenzen wegzunehmen, sondern um uns von der Angst zu befreien, die all das in uns weckt; diese immense Last soll uns nicht mehr niederdrücken.

Geben wir unseren Verwundungen das Wohnrecht im Haus unseres Lebens zurück!

Die Beziehung zu uns selbst und unserem alltäglichen Leben (gesellschaftlich, im Kontext der Familie und unserer Beziehungen zu anderen) werden in dem Maße wieder „paradiesisch", wie es uns gelingt, uns *nicht trotz*, sondern *mit* all unseren Verletzungen und Schwächen und durch sie hindurch anzunehmen und zu lieben.

Eine Gemeinschaft, ob im zivilen, familiären oder religiösen Bereich, wird nicht dann zu einer Art Paradies, wenn alle vollkommen sind und es keine Spannungen gibt, sondern wenn eine jede, ein jeder in aller Freiheit seine Maske ablegen kann, weil sie, weil er spürt: Ich bin angenommen und geliebt, wie ich bin; wenn Grenzen, Sünden, Wunden, Enttäuschungen nicht zum Anlass bleibender Trennung oder erbitterten Hasses werden, sondern eine Gelegenheit, weiterzugehen, weiter zu lieben und zu vergeben.

EIN LOBLIED
AUF DIE ZERBRECHLICHKEIT

Ein Gott der Überraschungen

Werfen wir einen Blick in die Bibel. Die Heilige Schrift, das Wort Gottes, ist das Gegenmittel gegen jenes gefährliche Gift in unserem Innern, das mit der Zeit geradezu tödlich werden kann: der Gedanke der Vollkommenheit.

Die Bibel setzt immer an bei unvollkommenen Situationen. Sie ist geradezu eine Hymne auf die Zerbrechlichkeit, auf die Schwachheit.

Wörtlich übersetzt lautet die Stelle über die Erschaffung der Frau im Buch Genesis so: „Und Gott sprach: Es ist nicht gut, dass Adam allein ist: Ich werde für ihn eine Hilfe machen, die ihm gegenüber ist" (Genesis 2,18). Gott hat Adam soeben in den Garten Eden gestellt und bemerkt seine Einsamkeit. Er weiß um die Wünsche und ungestillten Bedürfnisse seiner Kreatur, noch bevor diese sie wahrnimmt und in Worte kleidet. Und er stellt dem Menschen ein „Du" an die Seite, das ihm „gegenüber" sein soll, sodass sie sich treffen und in der Begegnung ganz sie selbst werden können.

Ohne Grenzen und ohne Konflikt gibt es keine Geschichte. Wir existieren auch dank der Spannungen und Grenzen, die wir beständig erleben, dank der Auseinandersetzung mit anderen Sichtweisen und Charakteren.

Ein Hindernis, ein Gegenstand, auf den das Licht fällt, ist die Voraussetzung dafür, dass es sichtbar wird. Die Reibung ist die Voraussetzung, um eine empfundene Bewegung zu verifizieren. Die Sünde ist die Voraussetzung, damit Gott sich mir als der zeigen kann, der er ist: Barmherzigkeit!

Jesaja verheißt das Kommen eines Tages, mit dem die messianische Zeit endlich anbricht, an dem Wolf und Lamm, Kalb und Löwe, von einem kleinen Kind geleitet, friedlich beieinander wohnen, an dem die Gegensätze koexistieren (vgl. Jesaja 11,6).

Der christliche Glaube sagt uns, dass dieser Tag mit dem Kommen Jesu Christi angebrochen ist. Er ist jenes Kind, das „Wolf und Lamm" zusammengeführt hat, Leopard und Böcklein, Kalb und Löwe, wie der Prophet schreibt.

Warum also sollten wir weiter die Wölfe in uns und um uns töten und nur die Lämmer leben lassen? Wir sind ein Ganzes, wir tragen Verschiedenes in uns. Die Vollkommenheit liegt für uns darin, auch die negativen Seiten, das, was krank ist, akzeptieren und integrieren zu lernen: es zusammenzubringen mit dem, was gut und gesund ist.

Was wir heute sind, hängt immer auch mit unserem Erleben in unserer Kindheit zusammen. Die Wunden, die Verletzungen, die wir erlitten haben, gehören zu uns, allerlei Negatives, auch Schlimmes, auch Irrwege. All das ist Teil von uns, wie auch das Schöne, das Wunderbare, das wir in uns tragen. Warum sollten wir uns „verstümmeln", warum Teile von uns und unserem Leben abtrennen und verleugnen? Es wäre Selbstverleugnung! Zur Heiligkeit gelangen wir nicht dadurch, dass die Schattenanteile in uns verschwinden, sondern dadurch, dass in all dem die Präsenz Gottes erfahrbar wird: Er kommt, er besucht uns und zeigt uns seine grenzenlose Liebe.

Bekanntlich sind Diamanten und Kohle chemisch dasselbe: Kohlenstoff. Doch die Anordnung der Atome ist verschieden; ein Diamant mit seiner besonderen Gitterstruktur ist lichtdurchlässig, Kohle hingegen nicht. Einige Gramm Kohle kosten praktisch nichts, während dieselbe Menge an Diamanten einen beträchtlichen Wert hat. Es liegt an uns, ob wir uns entschließen, „Diamanten" zu sein oder wie Kohle, die kein Licht durchlässt und bloß als Brennmaterial dient.

Niemand von uns ist in einer rundum vorbildlichen Familie aufgewachsen. Doch gerade in unvollkommenen Momenten zeigt Gott sich gerne. Der biblische Gott ist ein Gott der Familie, einer, der es liebt, sich in einem Kontext intensiver, enger familiärer Beziehungen zu zeigen. Er ist der Gott von Adam und Eva, Abraham und Sara, Isaak und Rebekka, Jakob, Lea und Rahel. Und bekanntlich sind diese Familien, diese Orte der Offenbarung Gottes, alles andere als ein Modell der „Vollkommenheit". Das erste Paar bzw. die erste Familie lernt sofort den Schatten des schmerzlichen Versagens und der gegenseitigen Anklage kennen; eine existenzielle Armut prägt fortan ihr Leben. Die Beziehungen untereinander sind fragil. „Die Ersten", das zielt in der Bibel nicht auf eine chronologische Aussage, sondern ist eher typologisch zu verstehen: Die „erste Familie" sagt etwas über die Familie, wie sie von ihrem Ursprung her ist, es bedeutet: So ist eine Familie, so sind sie irgendwie alle.

Die genannten Familien bringen Kinder hervor, die alles andere als gut agieren: Kain beseitigt seinen Bruder Abel (vgl. Genesis 4,8), Jakob erschleicht sich durch eine betrügerische List die Vorrangstellung über Esau (vgl. Genesis 27), Jakobs Söhne hassen ihren Bruder Josef und verkaufen ihn an Händler (vgl. Genesis 37). Und so weiter …

Der Gott der Offenbarung

Beim Lesen der Bibel fragt man sich: Warum nur ist das, was so gut und schön erschien, so schnell zerbrochen? Ein Paradies wird zur Wüste, ein ideales Paar zu einem Schlangennest, warum? Die Bibel gibt darauf keine Antwort, sondern lädt uns ein, uns eher eine andere Frage zu stellen: Wie können wir *in* diesen „kranken" Gegebenheiten Gemeinschaft praktizieren, Liebe leben? Die Frage ist nicht: Warum ist das alles so?, sondern: Wie lässt sich in all dem ein Weg in Richtung Heil, Heilung finden?

Das verwundete erste Menschenpaar entdeckt, dass es nackt ist, und Gott bekleidet es mit Gewändern von Fell (vgl. Genesis 3,21); angesichts der Schwachheit und Zerbrechlichkeit des Menschen erweist sich Gott als einer, der sich um den Menschen kümmert: Er sorgt dafür, dass die beiden weiter zusammenbleiben können in ihrer Begrenztheit, als vom Bösen Gezeichnete, ohne sich in ihrem Nackt- und Ungeschützt-Sein allzu sehr wehzutun.

Kain, dem ersten Brudermörder, macht Gott ein Zeichen auf die Stirn, um ihn vor dem Bösen, das ihm künftig von religiösen Fanatikern, diesen harten, vermeintlich „Reinen", den Fundamentalisten aller Zeiten, angetan werden könnte (vgl. Genesis 4,15).

Das Heil, die Heilung liegt in der Möglichkeit, zu lieben und sich zu lieben – *in* der Begrenztheit, darin, eigene und fremde Wunden als Gelegenheit zu Liebe, Fürsorge und Barmherzigkeit zu verstehen und zu ergreifen.

Unser Gott zeigt sich also in diesen natürlicherweise unvollkommenen Situationen. Wichtig ist festzuhalten, dass er nicht eingreift, um die Probleme zu lösen: Es ist keine Rede davon, dass er wieder Frieden zwischen Adam und Eva gestiftet hätte oder die Eifersucht von Rahel und Lea, die ein und denselben Mann hatten, geheilt hätte (vgl. Genesis 30), oder dass er die Täuschungsmanöver jener Mutter verhindert hätte, die ihren Sohn Jakob lieber mochte als Esau (vgl. Genesis 27).

Der Gott der biblischen Offenbarung agiert innerhalb der Geschichten von Verletzungen und Versagen, um darin „seine" Heilsgeschichte voranzubringen. Es ist eine Heilsgeschichte, die sich des „Materials" bedient, das die Menschen aller Zeiten für Unrat halten. In Gottes Augen aber ist es kostbar und nicht zu ersetzen: „Das Niedrige in der Welt und das Verachtete hat Gott erwählt: das, was nichts ist …" (1 Korinther 1,28).

Unser Gott ist einer, der interveniert, ohne selber alles gleich zu lösen; eine schnelle Heilung wäre weniger als ein liebevolles, sorgendes Dasein. Unser Gott ist kein Magier, sondern ein mütterlicher Vater, einer, der nur lieben kann. Und genau in dieser Liebe liegt der Sinn des Lebens. Das spüren wir in aller Klarheit, wenn wir in uns selber die Möglichkeit eines Kurswechsels wahrnehmen und endlich hinauskatapuliert werden aus dem Gefangensein in uns selbst, aus jenem Gefängnis der Selbstanklagen und Schuldgefühle, weil wir sind, wie wie sind; wenn sich ein *Weg* auftut: der Weg zum „verheißenen Land".

Der Gott, der uns entgegenkommt, setzt das Potenzial in Gang, das jedem Geschöpf innewohnt, um in jeder Lage, so sehr sie auch von Verletzungen und Versagen geprägt ist, weiterzugehen und das Beste von sich geben zu können.

Der Gott der biblischen Offenbarung kann *aus Steinen* Kinder erwecken, wie Jesus sagt (vgl. Matthäus 3,9), und genau besehen, ist es das, was er wünscht. Denn nichts anderes will er als Menschen, die als seine Kinder vor ihm stehen, um sich ihnen als der zu zeigen, der er ist: mütterlicher Vater, Liebe, Barmherzigkeit. Er möchte, dass wir nicht länger kalt und hart wie Steine sind, sondern uns *einfach geliebt* fühlen.

Ließen wir uns von der Selbstoffenbarung Gottes berühren und würden wir endlich lernen, sein Wort ins Zentrum zu stellen, dann könnten wir uns versöhnen mit den „unwürdigsten" Seiten an uns und als Versöhnte mit Gott und den anderen leben. Wir würden endlich aufhören, uns als ungeeignet zu empfinden.

Ein skandalöser Gott

Bei einer flüchtigen Lektüre der ersten sechzehn Verse des Matthäusevangeliums, des sogenannten „Stammbaums Jesu", kann einem schwindlig werden: Ein Name jagt den anderen, kaum bekannte Frauen und Männer werden da genannt, ohne irgendeinen Hinweis auf ihr Leben: Schicksale im Schatten, die unbedeutend erscheinen mögen, darunter, wie wir sehen werden, oft genug „auf die schiefe Bahn" geratene Menschen – und doch hat jeder Einzelne von ihnen dazu beigetragen, dass die Heilsgeschichte in Jesus auf ihre Erfüllung zulaufen und Gottes Traum Wirklichkeit werden konnte.

Die Geschichte eines Menschen, wie immer sie auch sei, verwandelt sich in „heilige Geschichte", wenn sie sich dem Wirken des Gottes des Lebens öffnet.

Beim aufmerksamen Lesen dieser Aneinanderreihung von Namen stoßen wir auf vier Frauen, die gewiss kein Beispiel der „Sittsamkeit" und „Unschuld" waren, vier starke, clevere und mutige Frauen, die den Tod nicht scheuten, die sich nicht mit einem Schattendasein und Nebenrollen begnügten, bloß weil sie Ausländerinnen oder Sünderinnen waren und kein Ansehen genossen ... Diese vier Frauen sind Tamar, Rahab, Rut und Batseba, die Frau des Hetiters Urija.

Tamar (Matthäus 1,3; Genesis 38; 1 Chronik 2,4) war eine Fremde, die Schwiegertochter Judas, des vierten Sohnes von Jakob. Juda hatte diese ausländische Frau seinem erstgeborenen Sohn Er zur Frau gegeben – unter Missachtung des strengen Verbots der Heirat einer Frau, die nicht zum Volk Israel gehörte. Sein Sohn Er starb dann ohne Nachkommen. Gemäß der Sitte der Leviratsehe wurde Tamar dessen Bruder Onan zur Frau gegeben, doch auch dieser starb kinderlos. Tamar hätte dann den dritten Sohn Judas, Schela, heiraten müssen, doch aus Furcht, auch der könnte in den Armen seiner Schwiegertochter sterben, zögerte Juda die Hochzeit hinaus. Da verkleidete sich Tamar als Hure und ging zu Juda, der sie nicht erkannte und mit ihr ein Kind zeugte. So wurde Juda der Vater der Zwillinge Perez und Serach, die im Stammbaum Jesu namentlich erwähnt werden.

Rahab (Matthäus 1,5; Josua 2) war eine Prostituierte. Sie lebte in heidnischem Gebiet, in Jericho, das im Zuge der Expansion des Volkes Israels nach dem Auszug aus Ägypten erobert werden sollte. Sie gewährte zwei Spionen, die von Josua zur Erkundung Jerichos geschickt worden waren, Unterkunft und Schutz. Jericho wurde zerstört und unterworfen, Rahab und ihre Familie aber wurden geschont, weil Rahab den Spionen gegenüber so wohlwollend gewesen war. Matthäus erinnert daran, dass Rahab von Salmon, einem der beiden Spione, schwanger wurde und Boas zur Welt brachte, ein weiteres Bindeglied im Stammbaum Jesu, des Messias.

Rut (Matthäus 1,5; vgl. das gesamte Buch Rut) war eine Moabiterin, also eine weitere heidnische Frau, die eigentlich in der Geschichte Israels nichts zu suchen gehabt hätte. Nachdem sie ihren Mann verloren hatte, gelang es ihr auf geschickte Art und Weise, mit dem oben erwähnten Israeliten Boas zusammenzukommen. Ihrer Verbindung entsprang Obed, ein weiterer Vorfahre Jesu.

Batseba (Matthäus 1,6; 2 Samuel 11) taucht im Stammbaum Jesu als „Frau des Urija", eines Söldners im Herr des Königs Davids, auf. Sie spielte das perverse Spiel des Königs mit. Als sie von David schwanger geworden war, gab dieser ihren Mann, seinen treuen Freund, in einer Schlacht gezielt dem Tod preis. Aus der Verbindung von Batseba und David ging Salomo hervor, der dritte König Israels, ein Vorläufer Jesu, des Erlösers.

Vier Frauen also, die als „Outsider" ins „reine" Volk Israel hineingekommen sind und es, wenn man so will, aufgemischt haben. Auch sie hat Gott genommen, um von innen her die Geschichte hinzuführen zu Jesus und durch ihn, in dem er Mensch geworden ist, neu zu machen. Diese Frauen gehören als Bindeglieder hinein in die Verbindung von Göttlichem und Menschlichem, vom Himmel Gottes und der Erde der

Menschen: ein Zeichen, dass es keine noch so „verkehrt gelaufene" Geschichte gibt, in die Gott nicht eintreten könnte. Auch ein Leben, das nicht der Norm entspricht, kann jederzeit wichtig werden, um die Geschichte Gottes voranzubringen und seine Präsenz in der Welt zu ermöglichen.

Mit dem Stammbaum Jesu möchte Matthäus uns ins Gedächtnis rufen, dass diese Geschichten, auf denen ein Schatten liegt, diese krummen Wege in Wahrheit göttliche Geschichten sind: Gott wählt aus der Welt das, was die Welt als Unrat erachtet, um daraus seine Heilsgeschichte zu stricken. Denn Gott schaut mit reinen Augen, mit den Augen des Herzens.

Matthäus ruft uns mit seinem Stammbaum von Anfang an zu – und er bestätigt es dann in allen folgenden Kapiteln: Das Leben eines Menschen ist niemals unbedeutend, wie immer es auch sei, auch wenn das noch so abwegig erscheinen mag. *Alle* Frauen und Männer, Groß und Klein, mögen sie auch für unwichtig, für schwach, sündig, gescheitert gehalten werden, gehören hinein in jene göttliche Geschichte, sind Teil einer göttlichen Sinfonie, unentbehrliche Bindeglieder, damit Gott auch heute Eingang findet in unsere Welt, in unsere Geschichte.

SEINE GNADE
GENÜGT UNS

Die Gnade geht uns voraus

Eines dürfte inzwischen deutlich geworden sein, ein Gedanke, den wir nicht tief genug in unserem Innern verankern können: Unsere Unvollkommenheit, unsere Zerbrechlichkeit, charakterliche Schwächen, Schatten in unserer Lebensgeschichte usw. hindern Gott nicht daran, in uns zu wirken. Gott ist ganz Liebe, bei ihm ist Vergebung, er möchte bei uns ankommen, Zugang finden zu unseren Grenzen und Sünden, um uns seine Liebe zu schenken, wie es seinem Plan entspricht.

Der bedeutende deutsch-amerikanische protestantische Theologe Paul Tillich (1886–1965) wies in seinem Werk *The Shaking of the Foundations* (1948, deutsch: „In der Tiefe ist Wahrheit") darauf hin, dass ein morali-

scher Fortschritt eine *Frucht* der Gnade ist, aber weder
diese selbst noch ihre Voraussetzung; ja er könne auch
zum Hindernis werden, die Gnade zu empfangen.
Wir verfügen nicht über sie, können sie nicht machen.
Und „solange wir glauben, dass wir sie nicht brauchen", so Tillich, wird „sie sich auch nicht ereignen …
Die Gnade trifft uns, wenn wir in großer Qual und
Unruhe sind. Sie trifft uns, wenn wir durch das fins-
tere Tal eines sinnlosen und leeren Lebens gehen. Sie
trifft uns, wenn wir fühlen, dass wir ein anderes Leben verletzt haben, ein Leben, das wir liebten oder
von dem wir entfremdet waren. Sie trifft uns, wenn
der Ekel an unserem eigenen Sein, an unserer Gleich-
gültigkeit, unserer Schwachheit, unserer Feindselig-
keit, unserem Mangel an zielbewusstem Leben uner-
träglich geworden ist".[4] Die göttliche Gnade ereilt uns
ausgerechnet dann, wenn sich unsere Hoffnung auf
die so sehr ersehnte Vervollkommnung unseres Lebens zerschlagen hat und wenn alte Zwänge uns so
beherrschen, dass wir daran verzweifeln möchten.
„Zuweilen", so bekennt Tillich, „zuweilen bricht in einem solchen Augenblick eine Welle von Licht in unsere Finsternis ein, und es ist, als ob eine Stimme sagte:
‚Du bist dennoch bejaht!'. *Dennoch* bejaht, bejaht durch
das, was größer ist als du und dessen Namen du nicht
kennst. Frage jetzt nicht nach dem Namen, vielleicht

---

4   Paul Tillich, In der Tiefe ist Wahrheit. Religiöse Reden, 1. Folge,
     Stuttgart 1952, 151f.

wirst du ihn später finden. Versuche jetzt nicht, etwas zu tun, vielleicht wirst du später viel tun. Trachte nach nichts, versuche nichts, beabsichtige nichts. Nimm nur dies an, dass du bejaht bist."[5] Und auch wenn wir nach dieser Erfahrung vielleicht nicht besser sind als zuvor, wenn unser Glaube vielleicht nicht größer ist, so ist doch „alles anders": Es sind Momente, in denen die Gnade über die Sünde, die Versöhnung über den Abgrund der Entfremdung siegt. Auch dergestalt, dass wir spüren: Wir können auch das Leben eines anderen Menschen bejahen, selbst wenn er uns feindlich gesinnt ist und uns schadet. Denn dank der Gnade wissen wir, dass er demselben Grund angehört, dem wir angehören und von dem wir selbst bedingungslos bejaht sind.[6]

Wir Christen laufen Gefahr, die Bibel wie ein Heldenepos zu lesen, in dem am Ende der Held stets den Sieg davonträgt. Doch das lehrt uns die biblische Offenbarung nicht. Im Alten Testament hören wir, wie Gott an der Seite der Seinen steht. Mit der Inkarnation in Jesus Christus ist er dann selbst in eine unglaubliche Geschichte eingetreten, die vom Bösen gezeichnet war: in unsere Geschichte mit all ihren Höhen und Tiefen, schrecklich und schön, zwiespältig und wechselhaft. Wie Gott im Alten Testament sich als jemand

---

5 Ebd.
6 Vgl. ebd.

offenbart, *der vor dem Menschen herzieht,* und dann im Neuen Testament als der *Gott-mit-uns,* so ist er nach der Auferstehung Jesu, in der Geschichte der Kirche, seines mystischen Leibes, der *Gott-in-uns.*

Unser Gott ist ein Gott, der in die Geschichte eintritt und sie von innen her verwandelt, indem er sie ganz annimmt, wie sie ist, und ihr ermöglicht, ihren Lauf zu nehmen. Kurz gesagt: *Gott handelt im handelnden Menschen.* Gott wirkt in der Geschichte nicht wie ein von außen agierender Puppenspieler. Wohl aber verheißt er die Landung in einem sicheren Hafen – am Ende aller unergründlichen Wege und Irrwege des verrückten menschlichen Herzens. So dürfen wir unsere noch so krummen Wege als bereits „gerettete" Wege sehen, denn hinter allem steht seine zuvorkommende Liebe. In der katholischen Liturgie gibt es die Bitte, Gottes Gnade möge uns immer vorausgehen und begleiten, damit wir, gestärkt durch seine väterliche Hilfe, nicht müde werden, das Gute zu tun.

Auch wenn wir endlich und unvollkommen sind und uns manches Mal „wie ein Nichts" vorkommen mögen: Unsere Geschichte *wird* münden in einen Hafen des Guten!

Karl Barth (1886–1968), der bedeutende Schweizer evangelisch-reformierte Theologe, schreibt in seiner Kirchlichen Dogmatik im Kapitel über „Gott und das Nichtige" (§ 50):

„Was ist das Nichtige? In der Erkenntnis und im Be-
kenntnis des christlichen Glaubens, das heißt im Rück-
blick auf Jesu Christi Auferstehung und im Aus-
blick auf seine Wiederkunft kann hier nur eine Antwort
gegeben werden: Es ist das Alte, nämlich die alte Dro-
hung, Gefahr und Verderbnis, das alte, Gottes Schöpfung verfinsternde und verwüstende Unwesen, das in
Jesus Christus vergangen, dem in seinem Tod das widerfahren ist, was ihm allein gebührt: dass es an diesem Ziel des positiven Willens Gottes […] zunichte
gemacht wurde." Es ist, so Barth, das Ende dessen, was
nicht von Gott gewollt war. Das „Nichtige" ist von Jesus „aus dem Feld geschlagen und erledigt". In der
Person Jesu ist es endgültig überwunden – von Gott
und auch vom Menschen (Jesus ist ja „wahrer Gott
und wahrer Mensch"). So ist die Beziehung zwischen
Schöpfer und Geschöpf befreit von allem, was zwischen ihnen stand, von jenem „Dritten", von seinem
Einfluss, seiner Geltung und seiner Macht in dieser
Beziehung: Es kann da „nicht mehr zählen. Das ist es,
was aus dem Nichtigen in Jesus Christus ein für alle-
mal geworden ist. So steht es da und so sieht es aus,
nachdem Gott die Auseinandersetzung mit ihm in seinem Sohn zu seiner eigenen Sache gemacht und voll-
zogen hat".[7] Wir brauchen es, so Barth, nicht mehr zu
fürchten; es hat keine „nichtende" Macht mehr.

---

7   Karl Barth, Kirchliche Dogmatik. Die Lehre von der Schöpfung
    (III, 3), S. 420f.

Im Christentum geht es somit nicht in erster Linie um den Versuch, sich vor dem Bösen zu bewahren, um zu Gott zu gelangen, sondern um die Erfahrung der Liebe Gottes, der uns in unserer persönlichen, vom Bösen gezeichneten Geschichte begleitet.

Das Heil besteht also nicht darin, dass wir dahin kommen, nicht mehr zu sündigen, oder dass wir eines Tages merken, dass wir unsere Begrenztheit, unsere Zerbrechlichkeit und unsere Verletzungen hinter uns gelassen haben. Vielmehr besteht es darin, dass wir wie Kinder mit offenem Mund staunen angesichts der Liebe eines Gottes, der uns in unserer Zerbrechlichkeit erreicht und berührt hat. Es ist die Nahtstelle, an der die Religion in den Glauben übergeht; Religion ist hier verstanden als das Bemühen, Gott mit einem tadellosen Leben erreichen zu wollen; Glaube hingegen ist das Gewahrwerden Gottes, der in unserer Geschichte mit ihren Verwundungen und Defiziten wirkt und sich offenbart.

Der Gott der Lebenden

Ja, wir können noch mehr sagen: Jedes Mal, wenn unsere Geschichte einer Hölle gleicht, ist gerade dies ein Moment, in dem wir auch eine Gotteserfahrung machen können, denn seine zuvorkommende Gnade ist bereits da und wartet nur darauf, ergriffen zu werden. Pater Silvano Fausti drückt es pointiert so aus: „Gott ‚will, dass alle Menschen gerettet werden', weil sie ‚verloren' sind: Die Hölle ist der einzige Ort möglichen Heils." Mit Hölle ist hier das gemeint, was wir tagtäglich erleben, all das, wo Schuld und Sünde, Grenzen, Nöte und Schwierigkeiten, Unverstanden-Sein in der Familie etc. herrschen. Es heißt, der heilige Hieronymus (347–420), der erstmals die vollständige Bibel ins Lateinische übersetzt hat, habe am Ende seines Lebens dieses Gebet gesprochen. „O Gott, ich habe dir die Übersetzung der Bibel angeboten, und es genügt dir nicht; ich habe dir mein missionarisches Leben gegeben, und es genügt dir nicht; ich habe dir mein Beten gegeben, und es genügt dir nicht: Was willst du denn noch von mir?" Und Gott habe geantwortet: „Gib mir deine Sünden, damit ich dir vergeben kann."

Die französische Dichterin Marie Noël knüpft in ihren *Notes intimes* (1959) an diese Stelle an und schreibt:

„‚Hier bin ich, mein Gott. Du hast mich gesucht? Was wolltest du von mir? Ich habe nichts, was ich dir geben könnte. Von unserer letzten Begegnung habe ich nichts für dich aufgehoben. Nichts …, nicht einmal eine gute Tat. Zu müde war ich. Nichts, nicht einmal ein gutes Wort. Zu traurig war ich. Nichts, wenn nicht den Lebensüberdruss, die Langeweile, die fruchtlose Leere.‘

‚Gib sie mir.‘

‚Die Schnelligkeit, mit der ich jeden Tag enden sehe, ohne zu etwas nütze gewesen zu sein, den Wunsch nach Ruhe, fern von allen Pflichten und allem Tun, die Abkehr von dem Guten, das zu tun ist, den Ekel vor dir, o mein Gott!‘

‚Gib sie mir.“

‚Die Taubheit der Seele, das Bereuen meiner Schlaffheit und die noch größere Schlaffheit meiner Reue …‘

‚Gib sie mir.‘

‚Unruhe, Erschrecken, Zweifel …‘

‚Gib sie mir.‘

‚Aber Herr, dann sammelst du also wie ein Müllsammler den Unrat und die Abfälle ein. Und was machst du damit, Herr?‘

‚Das Himmelreich.‘“

Diese Sicht bewahrt uns vor dem ständigen – der fürchterlichen Vollkommenheitsidee, die wir mit uns herumtragen, geschuldeten – Versuch, der Realität, in der wir uns befinden, zu entfliehen und uns in Gedanken in „andere Welten" hineinzuversetzen. Ganz anders die Bibel: Sie erzählt uns „heilige Geschichten", die *keine* Flucht sind; sie lehrt uns, uns dem Negativen zu stellen, statt zu flüchten, auszuharren, auch wenn der Weg versperrt scheint; denn gerade in solchen Situationen kann das Unmögliche möglich werden. Das ist Glaube.

Die Heilige Schrift legt uns nahe, das, was wir erleben und durchleben, ganz zu durchleben. So, wie wir sind. Auch wenn wir meinen, wir müssten anders sein. Nur so werden wir erleben können, wie Gott alles der Vollendung entgegenführt.

Wie oft sagen wir uns: So bin ich nicht okay; ich bin für dieses und jenes nicht geeignet. – Aber jetzt sind wir, wie wir jetzt sind.

Der heilige orthodoxe Mönch Siluan vom Berg Athos hat Gott einmal um Befreiung von seinen Grenzen gebeten. Da erschien ihm Jesus und riet ihm, sich in seinem Geiste an die Unterwelt zu halten und niemals an der Liebe Gottes zu zweifeln.[8] – Vertrauend warten, ganz unten, „im Grab": Das ist Glaube.

Im Buch des Propheten Ezechiel heißt es: „Ihr werdet erkennen, dass ich der Herr bin, wenn ich eure Gräber öffne und euch, mein Volk, aus euren Gräbern heraufhole" (Ezechiel 37,13). „Im Grab" also wird uns

---

8   Vgl. Starez Siluan, Mönch vom Berg Athos. Sein Leben und seine Lehre, hg. von Archimandrit Sophronius, 2007.

die Erfahrung Gottes verheißen. Gerade da können wir den Herrn kennenlernen – wie nirgends sonst. Denn alles andere kann Frucht eigener Überlegungen sein, selbstgemachte Götzenbilder. „Nur das Staunen kennt; die Gedanken schaffen Götzen", schrieb Gregor von Nyssa (PG 44,1028D).

Jeremia lässt den Herrn sprechen: „Sie alle, vom Kleinsten bis zum Größten, werden mich erkennen – Spruch des Herrn. Denn ich vergebe ihre Schuld, an ihre Sünde denke ich nicht mehr" (Jeremia 31,34). Es ist die Vergebung, die uns treffende Gnade Gottes, die es uns ermöglicht, Gott kennenzulernen. Unser Gott ist der Gott Abrahams, Isaaks und Jakobs: Er ist „ihr" Gott, Gott in ihrem Leben, ein Gott der Lebenden, nicht der Toten (vgl. Matthäus 22,31 und Parallelstellen).

Gott handelt im handelnden Menschen

Was bedeutet es eigentlich, unser Leben standhaft im Glauben zu leben, auch wenn wir uns ganz auf der Schattenseite, vielleicht gar wie in der Hölle fühlen? Diesbezüglich haben uns die Frauen, die unterm Kreuz Jesu *stehen*, als alles verloren ist, (vgl. Johannes 19,25), Wichtiges und etwas sehr Weises zu sagen. Warum bleiben sie? Warum harren sie hartnäckig aus, wo doch jede Hoffnung zerstört ist? Ja, und dennoch wird es gerade dieses beharrliche „Stehen" sein, das es Maria aus Magdala ermöglichen sollte, die Verkündigung der Auferstehung zu vernehmen (vgl. Johannes 20,11-18).

Aus dem Erdreich des Todes wird der Same neues Leben hervorbringen. In unseren „Gräbern", da, wo das Leben erloschen ist, ist Christus zugegen. Der Same wird Frucht bringen, und zwar dort, wo er gesät wurde.

Paulus kennt diese Erfahrung: Er befand sich in arger Not, spricht von einem „Stachel im Fleisch". Worum es geht, wissen wir nicht. Wir können an jede Art von Schwachheit, Zerbrechlichkeit, Sünde denken. Seine pharisäische Prägung war wohl noch nicht überwunden und „geheilt". Er hatte Gott gebeten, ihm seine Not zu nehmen. Gott aber offenbarte sich ihm in der Antwort: „Meine Gnade genügt dir, denn sie erweist ihre Kraft in der Schwachheit" (2 Korinther 12,9).

Die Heilige Schrift gibt uns keine Erklärung, wieso wir in diese und jene Situation gekommen sind oder wie wir da herauskommen, um unseren Gott lieben zu können; sie lehrt uns stattdessen, Gott zu erfahren, der uns gerade in dieser Situation nahe ist und liebt.[9] Auch uns genügt seine Gnade.

---

9 Gerade dies kann dann umso mehr ermutigen und befähigen, sich gegebenenfalls nötige Hilfe zu suchen bzw. anzunehmen (Anm. d. Übers.).

„Meine Gnade genügt dir, denn sie erweist ihre Kraft in der Schwachheit." – Schwachheit, das kann auch bedeuten, „dem Guten, Reinen, Göttlichen entsagen müssen", wie Dietrich Bonhoeffer ausführt. Und er erläutert: „Was heißt das? Nur der versteht es, der einmal in seinem Leben ernst machen wollte mit dem Willen Gottes, der Einkehr und Umkehr halten wollte, der einmal zusammenbrach unter der Last des Bösen, die er auf sich geladen hatte, der die Hässlichkeit und Niedertracht seiner Art ganz tief eingesehen hatte, und der dann in Tränen sich zurückwandte und den Weg Gottes gehen wollte; und dann kam die Hoffnung, dass nun alles gut und recht gehen würde, wenn man nur wollte – und dann, ja dann kam der erste Rückfall und wir erschraken bis ins Innerste davor, Herr Gott, es war wirklich das letzte Mal, vergib noch diesmal – und dann ging es weiter und es kam die große Enttäuschung , die größte und entsetzlichste, die wir in unserem Leben erfahren, dass wir nicht gut, nicht rein sein können, dass wir immer wieder absinken hinter dem, was wir uns vornahmen, dass der Augenblick stärker ist als der Vorsatz, und dass wir das Gute nicht erreichen können. [...] wir würden am Guten, am Heiligen, an uns selbst und an Gott verzweifeln, wenn uns nicht das Wort gegeben wäre: Lass dir an meiner Gnade genügen, denn meine Kraft ist in den Schwachen mächtig (2 Korinther 12,9)."[10]

---

10   Predigt zum XIV. Sonntag nach Trinitatis, 9.9.1928, DBW 10, 508f.

Solange wir meinen, morgen würde es besser gehen, weil wir uns ein wenig mehr anstrengen, wird die Gnade uns nicht erreichen; denn damit fliehen wir aus dem gegenwärtigen Augenblick, indem wir uns in gute Vorsätze und unsere eigenen Anstrengungen flüchten.

Einige Passagen später schreibt Bonhoeffer: *„An Gottes Gnade glauben* [...]. Nicht wühlen in unserem Elend, in unserer Schuld, sondern hinauskommen über sich selbst und auf das Kreuz schauen, wo Gott alles Elend und alle Schuld selbst auf sich geladen und getragen hat, und damit über all die, die schwer tragen müssen, seine Liebe ausgegossen hat. Elend und Schuld der Menschen und Gnade und Liebe Gottes – das gehört zusammen. Dort, wo viel Elend und viel Schuld ist, da ist erst recht viel Gnade und erst recht viel Liebe Gottes. Das heißt dort, wo der Mensch ganz klein und schwach wird, da hat Gott seine Herrlichkeit offenbart. Nicht bei den Starken, bei den Behüteten, den ‚Gerechten‘, sondern bei den Elenden und Schuldigen, die zu ihm schreien, ist Gottes Liebe; seine Kraft ist in den Schwachen mächtig [...]. Wo das Herz des Menschen zertrümmert ist, da zieht Gott ein [...]. Dort, wo der Mensch groß sein will, da will Gott nicht sein; dort, wo der Mensch im Dunkel zu versinken scheint, da richtet Gott das Reich seiner Herrlichkeit und Liebe auf [...]. Je schwächer die Menschen, desto gewaltiger Gott. Das ist so gewiss, wie dass am

Kreuz Christi sich Liebe Gottes und menschliches Unglück treffen, so gewiss, wie dass das Kreuz Christi die Gleichung Religion = Glück zerbrochen hat."[11]

Wir können nur um die Gnade der Bekehrung bitten. Wobei Sich-Bekehren nicht heißt, nicht mehr zu sündigen (so sehr wir das auch möchten!), sondern die Liebe Gottes in unserer Schwachheit und Sünde zu erfahren.

11 Ebd., 510f.

DIE LOGIK
DER SCHWACHHEIT

Roter Faden „Zerbrechlichkeit"

Wie ein roter Faden zieht sich ein Motiv durch die Bibel: Der einzige Weg, in Fülle zu leben, ist der Weg der Zerbrechlichkeit und Schwachheit.

Jesus hat verstanden, dass dieser Weg der einzige ist, der zum Heil führt, weil sich Gott nur da zeigen kann als der, der er ist, und bricht in Jubel aus: Voller Freude und Dankbarkeit gegenüber seinem Vater, der diesen verrückten Weg gewählt hat, ruft er, „vom Heiligen Geist erfüllt", aus:

„Ich preise dich, Vater, Herr des Himmels und der Erde, weil du das vor den Weisen und Klugen verborgen und es den Unmündigen offenbart hast. Ja, Vater, so hat es dir gefallen" (Lukas 10,21).

Diese „Logik Gottes" hat Jesus selber gelebt; es ist die Offenbarung des Vaters, und es versteht sich von selbst, dass Jesu Jüngerinnen und Jünger auf den gleichen Weg gerufen sind, der allein wirkliche Erfüllung verheißt. Dabei geht es nicht nur um Gehorsam gegenüber dem Vater; es ergibt sich vielmehr als Konsequenz aus unserer Zugehörigkeit zu Jesus Christus: In ihm verwurzelt, bringen wir *seine* Frucht hervor. Jeder gibt das, was er ist, auf die Art und Weise, die ihm entspricht. Wer zu Jesus gehört, wird Jesu Weg gehen. Der aber setzt ganz unten an; Jesus ist zerbrechlich. Gott ist mächtig in seiner Ohnmacht. So wird auch eine Jüngerin, ein Jünger auf dieselbe Weise, auf demselben Weg zur vollen Verwirklichung als Person gelangen.

In den Augen der Welt ist das in der Tat verrückt.

Es ist die Logik des Steins, der von den Bauleuten verworfen wurde und zum Eckstein wird (vgl. Matthäus 21,42: ein Zitat aus Psalm 118,22).

Es ist die Logik des „Lammes" (vgl. Offenbarung 5,12), das *geopfert* den Sieg davonträgt.

Es ist die Logik des Weizenkorns, das nur Frucht bringt, wenn es stirbt (vgl. Johannes 12,24).

Fruchtbarkeit erwächst aus vordergründig kompletter Unfruchtbarkeit.

Gott hat seine größte Macht in der größten Ohnmacht des Kreuzes offenbart. Die Logik des Evangeliums ist für die Welt eine Verrücktheit. Umgekehrt aber wäre es für Christen, auch für die Kirche, ein Drama, sich die Denkweise der Welt zu eigen zu machen und zu meinen, der Erfolg hinge allein von den eigenen Anstrengungen ab. Wenn wir meinen, dass es nur dann „gut läuft", wenn alles durchorganisiert ist und der Apparat funktioniert. Wenn für alles vorgesorgt ist und alles effizient eingerichtet ist. Wenn das Ergebnis unserem Einsatz entspricht.

Wir haben schon gesehen, dass das Alte Testament uns eine überreiche Bildergalerie schwacher, zerbrechlicher Gestalten präsentiert. Doch nicht zuletzt sie haben die Geschichte Israels geprägt. Mit *ihnen* hat Gott *seine* Geschichte geschrieben. Beim Blick in die Bibel sind wir schwierigen, kaputten Familien begegnet (angefangen bei der „allerersten"), unglaublichen Gestalten, den vier Frauen im Stammbaum Jesu, die man wirklich nicht als Bindeglieder in der Genealogie des menschgewordenen Gottessohnes erwarten würde …

Denken wir auch an Jakob, der seinem älteren Bruder das Erstgeburtsrecht entzieht (vgl. Genesis 25,29-34) und sich dann mit einer alles andere als heiligmäßigen Strategie von seinem Vater den Erstgeburtssegen erschleicht (vgl. Genesis 27). Esau ist erzürnt und sinnt darüber nach, wie er seinen Bruder töten könnte. Jakob entkommt, ist ständig auf der Flucht. Er erwirbt großen Reichtum und überlegt, mit einem Teil seines Besitzes den Zorn des Bruders zu besänftigen. Es folgt der Kampf mit dem Engel (vgl. Genesis 32,25-32), der in der Heiligen Schrift Gott verkörpert. Jakob kämpft also mit Gott – und besiegt ihn. Und Gott sagt ihm: „Lass mich los; denn die Morgenröte ist aufgestiegen." Genügt ein Sonnenstrahl, um Gott „loszuwerden"? Viele Theologen, ganze theologische Strömungen haben sich mit der Ohnmacht Gottes beschäftigt. Wenn wir im Apostolischen Glaubensbekenntnis sprechen: „Ich glaube an Gott, den Vater, den Allmächtigen", sollten wir stets daran denken, dass die „Allmacht" Gottes einzig und allein in der Liebe besteht.

Jakob gewinnt, aber fortan hinkt er.

Dann folgt eine wunderbare Szene: Als Jakob sieht, wie Esau ihm entgegenkommt, denkt er bei sich, dass es kein Entkommen mehr gibt. Esau kommt näher und sieht seinen hinkenden Bruder. Der Anblick des schwachen, verwundeten Bruders bewegt ihn. Statt ihn zu töten, umarmt er ihn und fällt ihm um den Hals; er küsst ihn und sie weinen beide (vgl. Genesis 33,1-4). Das, was Jakob ersehnt hat, realisiert sich, weil er sich in seiner Schwäche zeigt.

Wie oft erleben wir selbst, dass etwas gut wird, gerade weil wir es „nicht geschafft" haben!? Wie oft stellen wir fest, dass gerade aus dem Scheitern Neues hervorgeht!? „Manchmal besteht der einzige Weg zu siegen darin, sich zu ergeben" (Richard Bach).

In einem drastisch klingenden, eindrucksvollen Gebet schrieb der englische Dichter John Donne (1572–1631):

„Brich mir das Herz, du Gott in drei Personen,
der du bislang anklopfest und flüstertest,
es licht werden ließest und mich zurechtwiesest:
Wenn du willst, dass ich aufstehe und aufrecht bleibe,
dann wirf mich nieder, zerteile, verbrenne mich
und mach mich neu.
Wie eine belagerte, einem anderen gehörende Stadt
beeile ich mich, dich einzulassen – vergebens:
der Verstand, dein Vizekönig in mir,
der mir helfen müsste, ist gefangen
und erweist sich als schwach und trügerisch.
Und doch liebe ich dich
und möchte wiedergeliebt werden,
doch ich bin mit deinem Feind verlobt,
löse, trenne, zerreiße dieses Band aufs Neue.
Entführe mich, nimm mich gefangen,
denn entweder versklavst du mich
oder ich werde niemals frei sein;
entweder tust du mir Gewalt an
oder ich werde niemals rein sein."

Denken wir an Mose. Gott hatte ihn mit einer Sendung betraut, die auf die Sendung Jesu vorausdeutete:
Er sollte sein Volk aus Ägypten ins Gelobte Land führen. Ausgerechnet an ihn, einen Stotterer, einen Mör-
der (!), erging dieser schwindelerregende Ruf.

Gott ruft ihn, und indem er ihn ruft, heilt er ihn –
in all seiner Begrenztheit. Der aus dem Wasser geret-

tete Mose erfährt die ganz persönliche Liebe Gottes; vor den Fluten des Roten Meeres stehend (einem Symbol für den Tod), kann er sich an das erinnern, was ihm nach seiner Geburt widerfahren ist: das rettende Eingreifen Gottes, und er weiß: Auf diesen Gott darf ich mich abermals verlassen.

Das ist Glaube. Glauben heißt: der Liebe Vertrauen schenken.

Es ist wichtig, dass wir die Erinnerung an die Liebe, die Gott uns in unserem Leben erwiesen hat, wachhalten. Wenn wir dann wieder einmal in eine schwierige, ja dramatische Situation geraten, können wir sie wieder wachrufen und uns neu der Hand dessen anvertrauen, der uns schon früher bewahrt hat.

Viele andere biblische Gestalten bestätigen die „Logik der Schwachheit". Denken wir etwa an Judit, die – so die Erzählung im gleichnamigen Buch – allein dank der „Waffe" ihrer Schönheit den Feldherrn des mächtigen Heeres des assyrischen Königs Nebukadnezzar bezirzen, betrunken machen und töten konnte. Oder an den jungen David, der ohne Rüstung (die ihm zu schwer war) gegen den Philister Goliat antrat und ihn mit seiner Steinschleuder besiegte und tötete (1 Samuel 17).

Mit dieser unserer Kraft

Eine andere wichtige Figur ist der Prophet Gideon, von dem im Buch der Richter erzählt wird (Kapitel 6–8). Betrachten wir zunächst die Geschichte seiner Berufung durch Gott:

„Der Engel des Herrn kam und setzte sich unter die Eiche bei Ofra, die dem Abiësriter Joasch gehörte. Sein Sohn Gideon war gerade dabei, in der Kelter Weizen zu dreschen, um ihn vor Midian in Sicherheit zu bringen. Da erschien ihm der Engel des Herrn und sagte zu ihm: Der Herr sei mit dir, starker Held.

Doch Gideon sagte zu ihm: Mit Verlaub, mein Herr, ist der Herr wirklich mit uns? Warum hat uns dann all das getroffen? Wo sind alle seine wunderbaren Taten, von denen uns unsere Väter erzählt haben? Sie sagten doch: Hat uns der Herr nicht aus Ägypten heraufgeführt? Jetzt aber hat uns der Herr aufgegeben und uns in die Hand Midians gegeben.

Da wandte sich der Herr ihm zu und sagte: Geh in dieser deiner Kraft und rette Israel aus der Hand Midians! Sende ich dich nicht hiermit?

Er entgegnete ihm: Mit Verlaub, Herr, womit könnte ich Israel retten? Sieh doch, meine Sippe (oder: Tausendschaft) ist die schwächste in Manasse und ich bin der Jüngste im Haus meines Vaters.

Der Herr sagte zu ihm: Ich werde ganz gewiss mit dir sein und du wirst Midian schlagen, als wäre es nur ein Mann" (Richter 6,11-16).

Gideon ist der Jüngste in seiner Familie. Und seine Familie, seine Sippe, ist die schwächste im Land. Das sagt schon mehr als genug. Er hat keine gesellschaftliche Position, er ist „nichts". Er kann keine Ansprüche geltend machen, hat keine besonderen Gaben, nichts, worauf er stolz verweisen könnte. Er ist ein Armer. Aber Gott gibt ihm einen Auftrag: Er beruft ihn, das Volk von den Midianitern zu befreien.

Gideon hat offenbar keine sehr hohe Meinung von sich; er fragt: „Mit Verlaub, Herr, womit könnte ich Israel retten?" Mehr oder weniger kennt wohl jeder solche Zweifel: Wer bin ich schon? Das schaffe ich doch nie! Das ist mir zu viel, zu schwer ...!

Ein schwaches Selbstwertgefühl, so die Beobachtung, geht oft damit einher, dass man auch Gott nicht viel zutraut. Gideon gelingt es nicht, Gottes Wirken in der Welt wahrzunehmen: „Ist der Herr wirklich mit uns? Warum hat uns dann all das getroffen? Wo sind alle seine wunderbaren Taten, von denen uns unsere Väter erzählt haben? Sie sagten doch: Hat uns der Herr nicht aus Ägypten heraufgeführt? Jetzt aber hat uns der Herr aufgegeben ..." Wir sind verloren! Wo hat er sich nur versteckt? Gideon hat wenig Selbstvertrauen und wenig Vertrauen auf Gott. Und doch wendet sich Gott ihm zu.

Gott sagt nicht: Geh mit *meiner* Kraft! Sondern: „Geh in dieser *deiner* Kraft!" (6,14). Ein großartiges Wort! Während Gideon zunächst an seine Schwachheit denkt, lenkt Gott Gideons Blick auf dessen Kraft.

Jeder, so zerbrechlich und schwach er auch sein mag, hat etwas, worauf Gott selber setzt. Niemand ist so arm, dass er nicht etwas zuwege bringen könnte, zu etwas gut wäre in dieser Welt. Gott wirkt in unserem Tun. Er ersetzt uns nicht. Er schätzt uns wert, achtet zutiefst und aufs Höchste unsere Freiheit.

Und er sagt uns: Macht euch auf – mit dem, was ihr habt, so, wie ihr seid! In unserem Leben denken wir oft, wenn wir nur ein wenig anders wären, wenn wir klüger oder stärker wären, wenn wir eine andere Vergangenheit hätten, wenn wir Eltern hätten, die …, wenn … – ja, dann könnten wir …

Gott hingegen nimmt uns immer so, wie wir in diesem Moment sind, und setzt exakt da an: da, wo wir gerade stehen, in unserer momentanen Lage, bei unserer aktuellen Befindlichkeit, wie immer sie ist. Auch wenn wir enttäuscht sind, Angst haben oder lähmende Zweifel, wenn unser Herz gespalten ist oder Beziehungen angespannt oder zerbrochen sind.

Gott ändert unser Leben nicht, indem er von außen eingreift. Aber er ist da, steht zu uns und an unserer Seite. Und zwar so, dass das Potenzial, das in uns schlummert, zum Tragen kommen kann, auch dadurch, dass er uns zu verstehen gibt: *Du bist wertvoll, so wie du bist! Einfach, weil du du bist!*

Gideon wird zum einen sehr deutlich bewusst, wer und wie er ist, er spürt seine Ängste, sein geringes Selbstwertgefühl, seine Schwachheit und Zerbrechlichkeit; er denkt an seine Herkunft, die Zugehörigkeit zur schwächsten Sippe. Zum anderen aber macht er die Erfahrung, von Gott geliebt zu sein: eine außerordentliche Erfahrung, die ihn dazu bringt, sich aufzumachen und sich einzulassen auf etwas, was er sonst nie in Angriff genommen hätte.

Gott sucht uns auf, liebt uns, agiert in uns, ohne dass wir es verdient haben müssten. Einfach deshalb, weil wir sind. So, wie wir sind. Und nicht, weil wir anders sein könnten! Er liebt uns nicht „unter der Bedingung, dass …", sondern buchstäblich bedingungslos. Ohne jedes „Wenn …, dann …"! Darin besteht die Liebe Gottes zu uns: in seinem voraussetzungslosen Sein-für-uns.

Und diese Liebe Gottes ist immer ganz aktuell: *Jetzt, in diesem Moment* gilt sie jedem von uns ganz persönlich. So schwach und sündig, so zerbrechlich, undankbar oder „schmutzig" wir auch sein mögen. *So* liebt er uns. Auch wenn wir oder andere uns für unwürdig oder „unmöglich" halten sollten.

Die Liebe Gottes genügte Gideon, neue Wege einzuschlagen. Er weiß sich von Gott angenommen und kann selbst Ja sagen zu sich: Ja, ich mache mich auf, so, wie ich bin, denn du stehst zu mir; ich weiß mich von dir geliebt.

Unsere Würde und unsere Größe liegen also nicht in dem, was wir tun und zustande bringen. Sie hängen nicht ab vom Beifall anderer und vom Erfolg unserer Bemühungen, sondern gründen einzig und allein darin, dass wir geliebt sind, wirklich geliebt sind.

Vor Gott sind wir alle gleich: Der erleuchtetste, weiseste, intelligenteste Mensch der Welt zählt vor ihm genauso viel wie der letzte Halunke, wie ein völlig Ungebildeter, wie einer, der nichts hat. Glauben wir nicht, Gott hätte besondere Präferenzen für Menschen mit speziellen Charismen oder Fähigkeiten; das ist menschliche Logik. Bei uns zählt, was einen Preis oder messbaren Wert hat. Oft auch im Bereich des Glaubens. Doch vor Gott ist jemand nicht dadurch wertvoller, dass er sich im kirchlichen Leben mehr betätigt, dass er häufiger zum Gottesdienst geht, öfter den Rosenkranz betet oder ein Opfer bringt. Ein Gott, den man mit frommen Taten und spirituellen Leistungen für sich gewinnen müsste, wäre absurd!

Unser tiefster Wert gründet in dem Vertrauen, das *Gott* in uns hat. In der Beziehung zwischen Gott und Mensch ist Gott der Erste, der Vertrauen schenkt. Im Grunde besteht der Glaube darin: zu glauben, dass

Gott an uns glaubt. „Geh in dieser *deiner* Kraft!", hatte er zu Gideon gesagt. Wenn die von ihm Erwählten diese wunderbare Wirklichkeit erfassen, dass Gott an sie glaubt, wird er ihre Kraft wachsen lassen.

Die Wirkmacht des Wortes

Kehren wir zurück zur Gideon-Geschichte. Er soll gegen die Midianiter in den Krieg ziehen; es gelingt ihm, ein 32.000 Mann starkes Heer zusammenzubringen. Nach menschlicher Logik muss man sich umso mehr schützen, je mächtiger der Feind ist. Als David gegen den Riesen Goliat in den Kampf ziehen soll, stattet Saul, ein echter Gottesmann, ihn mit einer mächtigen Rüstung aus. Doch dummerweise kann sich David, mit diesen schweren Eisenbeschlägen bestückt, nicht mehr bewegen; kurzerhand legt er die Rüstung ab und geht dem Feind schutzlos entgegen – im Namen Gottes, der ihn aus den Klauen des Löwen gerettet hat. David nimmt seine Schleuder und fünf Steine und besiegt Goliat (vgl. Genesis 17,38-40).

In vielen biblischen Erzählungen tragen diejenigen, die sich auf Gott und sein Wort verlassen, den Sieg davon, während jene, die auf ihre eigenen Fähigkeiten und auf Gewalt setzen, zu Tode kommen.

Bevor Gideon in die Schlacht zieht, offenbart Gott sich ihm und sagt ihm, dass 32.000 Mann zu viele sind für den Kampf gegen die Midianiter. Mehrfach wird eine größere Anzahl ausgesondert; am Ende bleiben ganze dreihundert Männer übrig. Gott aber sagt: „Durch die dreihundert Mann ... will ich euch retten und Midian in deine Hand geben. Alle übrigen Leute sollen jeder an seinen Ort gehen ..." Daraufhin entließ Gideon „alle Israeliten, jeden zu seinen Zelten" (Richter 7,2-8).

Es ist verblüffend, auf welche Weise Gideon dann mit dieser kleinen Schar den Sieg erringt: Er „teilte die dreihundert Mann in drei Abteilungen und gab allen Männern Widderhörner und leere Krüge in die Hand; in den Krügen waren Fackeln" (Richter 7,16). Bestückt mit diesen „Waffen" – Hörnern und beleuchteten leeren Krügen – umstellt Gideons winziges Heer das feindliche Lager; das Getöse und Kriegsgeschrei bewirken, dass die Feinde, von Panik ergriffen, versuchen zu entkommen, und in dem Durcheinander im Lager richtete einer das Schwert gegen den anderen; sie brachten sich gegenseitig um, fast wie in einem kollektiven Suizid.

Die Geschichte hat eine symbolische Bedeutung. In Psalm 119,105 heißt es: „Dein Wort ist meinem Fuß eine Leuchte, ein Licht für meine Pfade". Die Fackeln stehen für das Wort Gottes: Darauf können wir bauen, wenn wir im Namen Gottes „feindliches Gebiet" zu betreten haben. Auch dies sagt uns diese Erzählung: dass wir auch zu kämpfen haben, dass wir die Rechnung machen müssen mit dem inneren Feind, mit dem Bösen. In einer christlichen Relecture können wir nicht bei einem vordergründigen Verständnis dieser alttestamentlichen Geschichten stehenbleiben. Die Rede von Feinden, von Kriegen und Schlachten, von einem Gott, der befiehlt zu kämpfen und zu töten, das alles kann nur sprachlos machen. Wir brauchen einen anderen Verstehensschlüssel, müssen den geistlichen Sinn erfassen, der in diesen biblischen Erzählungen liegt.

Nicht mit Feinden aus Fleisch und Blut haben wir zu kämpfen, sondern mit inneren „Feinden", die uns großen Schaden zufügen können. Die Gideon-Geschichte gibt uns zu verstehen, wie wichtig es ist, uns diesem Kampf nicht zu entziehen, sondern uns dem Bösen, den inneren Feinden zu stellen, wie sie auch aussehen mögen. Nennen wir sie beim Namen und gehen wir sie an. Vielleicht sind es unsere Schwachheit und Zerbrechlichkeit, die uns im Weg stehen, vielleicht Schuld und Sünden. „Bewaffnet" mit dem Wort Gottes können wir uns all dem stellen. Es ist wie ein Licht im Dunkel. Keine Dunkelheit kann eine noch so kleine Flamme auslöschen; bereits der Schein einer winzigen Lampe bringt Licht in ein stockfinsteres Zimmer. Es ist stets das Gute, das letztlich siegt:

das Wort Gottes, die Offenbarung seiner Liebe zu uns, einer Liebe, die so groß ist, dass sie für uns die Passion erlitten und sich hat kreuzigen lassen. In dem Augenblick, in dem wir uns dieser Liebe bewusst werden und uns geliebt wissen, verlieren die inneren Feinde ihre Macht und ziehen sich zurück.

Oft scheint das Böse in uns zu siegen; wir tun etwas, was wir eigentlich nicht wollen, wir sind bedrückt oder quälen uns. Auch da kann das Wort Gottes ein Licht sein, das uns seiner Liebe versichert: Gott liebt uns! Er ist da! Christus ist da! Er hat uns Gottes Liebe zugesagt. Darauf dürfen wir bauen. Und selbst wenn das Gute jetzt unterliegen sollte: Am Ende wird es siegen! Und selbst wenn manchmal die Sünde die Oberhand gewinnt und wir ganz am Boden sind: Am Ende siegt immer Gottes Wort der Liebe. Seine Liebe siegt selbst da, wo sie unterliegt: Im Scheitern am Kreuz hat sie den größten Sieg errungen. Das ist unsere tiefste Gewissheit, unsere ganze Hoffnung. Auch wenn wir versagt haben, wenn wir dem Bösen unterlegen sind, dürfen wir Vertrauen haben.

Christus, das Wort, lebt in uns. Er, der alles überwunden hat. Die Liebe bleibt nicht im Tod. Das Weizenkorn, das stirbt, bringt reiche Frucht; nur wer „verliert", kann „gewinnen", wie Jesus sagt.

Erinnern wir uns an das Gleichnis vom Sämann, der hinausging, um zu säen (vgl. Markus 4,3-20). Wir können darin ein Bild des Lebens Jesu sehen: Er ist gekommen, um das Wort Gottes zu säen, und ist dabei auf manch hartes Erdreich, auf Dornen und Sträucher gestoßen, wo die Saat nicht aufgehen konnte. Doch er hat sich davon nicht aufhalten lassen. Die Kraft liegt im Samen, irgendwo findet er immer ein Erdreich, wo er gedeihen kann. Halten wir uns also nicht zu lange mit der Frage auf, was für ein „Erdreich" wir sind, sondern vertrauen wir darauf, dass auch in uns genügend guter Boden ist, auf dem Gott seine „Saat" aufgehen lassen wird. Vertrauen wir diesem Samen, seinem machtvollen Wort, und darauf, dass es sich durchsetzen wird. Auch in uns.

Als Jesus in der Wüste war und sich mit dem Bösen konfrontiert sah, hat er die Prüfung bestanden dank des Wortes Gottes. „Er aber antwortete: In der Schrift heißt es ... In der Schrift steht ..." Und noch einmal: „In der Schrift steht ..." Da „ließ der Teufel von ihm ab" (Matthäus 4,1-11).

Das Licht besiegt die Finsternis; die Liebe ist stärker als der Tod. Gehen wir in dieser Gewissheit hinein in unseren Alltag mit allem, was er beinhaltet. Betrachten wir in diesem Licht unsere Verletzungen, unsere Schwächen und Grenzen, unser Versagen und unsere Sünden: Hüllen wir sie ein in das Wort Gottes, sehen wir sie im frohen Wissen um Gottes Liebe. Wir dürfen sicher sein, dass wir geliebt sind!

Wir mögen uns vorkommen wie ein leerer Krug. Doch unser ganzer Reichtum ist Christus. So strahlt das Licht Gottes in unseren Herzen auf, wie Paulus sagt, als Schatz „in zerbrechlichen Gefäßen" (vgl. 2 Korinther 4,6f).

DIE FROHE BOTSCHAFT HÖREN

„Selig die Armen ..." – eine Art Magna Charta

Die als „Seligpreisungen" bekannten Verse (Matthäus 5,1-12; Lukas 6,20-23) werden zu Recht als die *Magna Charta* des Christentums bezeichnet.

Jesus preist jene Menschen „selig", glücklich, letztlich verwirklicht, die sich in einer Situation des Mangels, der Bedürftigkeit, der Schwäche und Gebrochenheit befinden. Der erste Vers bringt das treffend ins Wort, er steht nicht von ungefähr am Anfang. Bei Matthäus (5,3) heißt es:

> „Selig, die arm sind vor Gott;
> denn ihnen gehört das Himmelreich."

Ist das nicht eine absurde „Ode an die Freude"? Keineswegs! Denn wie ausgeführt, sind im Evangelium gerade Lebensumstände und Situationen, die von einem Mangel, von Zerbrechlichkeit, von Grenzen, von materieller und existenzieller Armut usw. geprägt sind, kein Hindernis für Gottes Wirken, im Gegenteil: Gerade sie werden zu *der* Voraussetzung, zum einzigartigen Hintergrund für die Erfahrung eines Heils, das seinen Ursprung anderswo hat und imstande ist, unser Herz zu erfüllen.

Wenn Jesus sagt: „Selig seid ihr ...", dann sagt er uns damit gewissermaßen:

Ich bin froh über euch, über dich! Ich freue mich über deine Entscheidung, dein Glück nicht von dem, was du hast, abhängig zu machen. Ich bin glücklich, weil du das Geheimnis des Lebens entdeckt hast: Du hast voller Vertrauen geglaubt, dass gerade die „Leere", die du erlebst, es ermöglicht, dass Gott, das einzig wahre Gut, Raum in dir findet und dich erfüllt.

In einer Kultur, die die Reichen glücklich nennt (in welcher Kultur war das je anders?), müssen Aussagen wie die Seligpreisungen unerhört revolutionär klingen. Reichtum gilt doch vielfach, auch im Alten Testament, als göttlicher Segen.

Bei Lukas lautet die erste Seligpreisung „Selig, ihr Armen, denn euch gehört das Reich Gottes" (Lukas 6,20) – und der entsprechende Weheruf: „Doch weh euch, ihr Reichen; denn ihr habt euren Trost schon empfangen" (6,24). Statt „Weh euch ..." würde man besser übersetzen: „Ach, ihr Reichen!"; Jesus drückt sein tiefes Bedauern aus; ihm tun die Menschen einfach leid, die sich vor lauter angehäuftem Besitz, von dem sie sich Gott weiß was versprechen, die Möglichkeit nehmen, von ihm erreicht zu werden. Es ist, als würde er sagen: Ihr habt im Leben aufs falsche Pferd gesetzt, auf Reichtum, Macht und Ansehen. Ihr meint, euer materieller und geistiger Reichtum würde genügen, um glücklich zu sein, und haltet euch für gerecht. Doch wenn ihr nicht begreift, dass auch ihr bedürftig und begrenzt seid, dass ihr euch eben doch nicht selbst genügen könnt, wie soll ich dann Zugang zu euch finden? Schließlich bin ich für die Armen und Kranken gekommen, für Menschen, die sich nicht selbst für gerecht und untadelig halten. René Voillaume (1905–2003) schrieb: „Lassen wir uns vom Herrn heilen, lassen wir uns lieben! Wir haben gesündigt, wir sind mittelmäßig, doch was soll es! Gerade deshalb ist er gekommen!" Und schon im 6. Jahrhundert schrieb Philoxenus von Mabbog: „Für Gott, diesen wunderbaren Geber, ist es schrecklich, dass wir seine Gaben nicht annehmen. Wenn er schenkt, dann dankt er uns, dass wir es annehmen: Wenn wir auf Gaben aus seinem reichen Schatz zugreifen, ist es für ihn, als würden wir diesem noch etwas hinzufügen."

Die „Armen", von denen Jesus spricht, sind Menschen, die alles brauchen, die nichts haben und in ihrem „Leer-Sein" darauf angewiesen sind, dass jemand von außen kommt und ihre Leere füllt. Geradezu exemplarisch werden diese „Armen" in den Evangelien durch die Kinder verköpert. Jesus hat sie immer wieder als Beispiel genommen: „Lasst die Kinder zu mir kommen; hindert sie nicht daran! Denn solchen wie ihnen gehört das Reich Gottes" (Markus 10,14).

Im biblischen Kontext steht das Kind für jemand, der aus sich nichts ist und nichts hat. Sein Leben liegt ganz in den Händen anderer. Deshalb sagt Jesus, wir sollten werden (nicht: sein) wie die Kinder: Menschen, die wissen, dass es Gott ist, der uns leben lässt. Ohne ihn könnten wir nicht leben; denn alles verdanken wir ihm.

Ich möchte diese Gedanken anhand der nächsten Seligpreisung (Matthäus 5,4) kurz weiterführen. Sie lautet:

„Selig die Trauernden;
denn sie werden getröstet werden."

Zu preisen ist natürlich nicht die Bedrängnis als solche, unter der jemand leidet. Zu preisen ist vielmehr der Trost, den Gott einem angefochtenen, trauernden, leidenden Menschen schenkt. Erneut sehen wir, wie eine Situation der Bedürftigkeit Gott zum Handeln bewegt, und er tut es, indem er Trost spendet.

Von Emmanuel Levinas (1905–1995) stammt das Wort, dass die Tränen die letzte Einwilligung eines menschlichen Wesens seien, das endlich akzeptiere, in seine Menschlichkeit „hineinzufallen". Weinen bedeutet, endlich die eigene fundamentale Armut anerkannt zu haben. Es ist ein Akt der Ehrlichkeit, ein Ja zur Wahrheit: Im Weinen legt man die Waffen ab, mit denen man sich, sein Selbstbild und alle Anmaßung zu verteidigen suchte.

Die Tränen, die aus der Anerkennung der eigenen Begrenztheit und Zerbrechlichkeit kommen, sind wie eine Einwilligung Gott gegenüber, ein wortloses Ja zu seinem Eingreifen in unserer Geschichte.

Der Blindgeborene

Unterwegs sah Jesus", so erzählt das Johannesevangelium, „einen Mann, der seit seiner Geburt
blind war. Da fragten ihn seine Jünger: Rabbi, wer hat
gesündigt? Er selbst oder seine Eltern, sodass er blind
geboren wurde?

Jesus antwortete: Weder er noch seine Eltern haben
gesündigt, sondern die Werke Gottes sollen an ihm offenbar werden. Wir müssen, solange es Tag ist, die
Werke dessen vollbringen, der mich gesandt hat; es
kommt die Nacht, in der niemand mehr wirken kann.
Solange ich in der Welt bin, bin ich das Licht der Welt.

Als er dies gesagt hatte, spuckte er auf die Erde;
dann machte er mit dem Speichel einen Teig, strich
ihn dem Blinden auf die Augen und sagte zu ihm:
Geh und wasch dich in dem Teich Schiloach! Das
heißt übersetzt: der Gesandte.

Der Mann ging fort und wusch sich. Und als er
zurückkam, konnte er sehen. Die Nachbarn und jene,
die ihn früher als Bettler gesehen hatten, sagten: Ist
das nicht der Mann, der dasaß und bettelte?

Einige sagten: Er ist es.

Andere sagten: Nein, er sieht ihm nur ähnlich.

Er selbst aber sagte: Ich bin es.

Da fragten sie ihn: Wie sind deine Augen geöffnet
worden?

Er antwortete: Der Mann, der Jesus heißt, machte einen Teig, bestrich damit meine Augen und sagte zu mir: Geh zum Schiloach und wasch dich! Ich ging hin, wusch mich und konnte sehen.

Sie fragten ihn: Wo ist er?

Er sagte: Ich weiß es nicht …

Jesus hörte, dass sie ihn hinausgestoßen hatten, und als er ihn traf, sagte er zu ihm: Glaubst du an den Menschensohn?

Da antwortete jener und sagte: Wer ist das, Herr, damit ich an ihn glaube?

Jesus sagte zu ihm: Du hast ihn bereits gesehen; er, der mit dir redet, ist es.

Er aber sagte: Ich glaube, Herr!

Und er warf sich vor ihm nieder.

Da sprach Jesus: Um zu richten, bin ich in diese Welt gekommen: damit die nicht Sehenden sehen und die Sehenden blind werden.

Einige Pharisäer, die bei ihm waren, hörten dies. Und sie fragten ihn: Sind etwa auch wir blind?

Jesus sagte zu ihnen: Wenn ihr blind wärt, hättet ihr keine Sünde. Jetzt aber sagt ihr: Wir sehen. Darum bleibt eure Sünde."

(Johannes 9,1-12.35-41)

Die letzte Aussage Jesu ist bemerkenswert: Die eigentlich Blinden sind nicht diejenigen, die nicht sehen, sondern jene, die *meinen*, hervorragend zu sehen.

Im Markusevangelium sagt Jesus, dass die einzige Sünde, die vergeben werden kann, eine Lästerung gegen den Heiligen Geist sei (vgl. Markus 3,29); es „bleibt" die Sünde, die in der fälschlichen Annahme besteht, mit einem selber sei alles in bester Ordnung, etwa weil man doch ein absolut integres frommes Leben führe. Diese anmaßende Haltung macht es unmöglich, dass das Heil bei einem ankommt: Wie und warum sollte jemand von seiner Blindheit geheilt werden, der meint, bestens zu sehen? Heilung, Heil kann nur jemandem zuteil werden, der nicht heil ist und darum weiß.

Im ersten Vers der Episode vom Blindgeborenen heißt es: „Unterwegs *sah* Jesus …". Jesus sieht, Gott sieht. Es ist nicht der Mensch, der Gott sieht (vgl. Johannes 1,18), sondern es ist Gott, der den Menschen sieht. Und im Licht Gottes sieht sich der Mensch neu.

Gott offenbart dem Menschen den Menschen, er zeigt ihm, wer der Mensch ist. „In deinem Licht schauen wir das Licht" (Psalm 35,10); erst wenn wir in der Wahrheit, im Licht Christi sehen, werden wir wissen, wer wir sind: erst dann, wenn wir es annehmen, gesehen und geliebt zu sein von dem Gott, der sich uns in Jesus offenbart und uns in ihm nahegekommen ist (vgl. Johannes 12,45).

Der Blindgeborene hat in der Erzählung keinen Namen. Wir können ihm unseren Namen geben: Wir sind Blinde, berufen, geheilt zu werden.

Seine Blindheit hat jenem Mann die Begegnung mit Jesus ermöglicht, der ihm das Augenlicht schenkte. „Die Werke Gottes sollen an ihm offenbar werden", sagt Jesus (Vers 3). Ähnlich übrigens in der Erzählung von seinem schwer kranken und dann gestorbenen Freund Lazarus: „Diese Krankheit führt nicht zum Tod, sondern dient der Verherrlichung Gottes" (Johannes 11,4).

Krankheit, Grenzen, Zerbrechlichkeit, auch Schuld und Sünde stehen aus der Perspektive Gottes unter einem neuen Vorzeichen, denn sie werden für ihn zur Gelegenheit, sich uns gegenüber als Gott zu erweisen. Das Negative anzuerkennen und offen zu sein für Gottes Wirken bringt Licht in unser Dunkel: Gut zu sehen heißt, uns des Übels, uns unserer inneren Blindheit bewusst zu werden. Das eigentliche Drama liegt nicht darin, dass wir „krank" sind, sondern dass wir uns einbilden, „gesund", gut und gerecht zu sein, wenn es gar nicht so ist.

Wie gesagt: Die Wahrnehmung der Grenzen (in einem weiten Sinn verstanden) ist die unabdingbare Voraussetzung, um vertrauensvoll Heil und Heilung von anderswoher zu erwarten. Diese Erwartung geht dem ab, der sich selbst für „grenzen-los" hält; ein Leben ohne Erwartung, ohne dieses Sich-Ausstrecken auf eine ausstehende Erfüllung aber ist eigentlich schon wie tot. Zu meinen, wir wären Sehende, die nichts weiter bräuchten, ist dem Leben abträglich, es ist wie eine tödliche Krankheit.

Die Geschichte vom Blindgeborenen ist die Erzählung von einer inneren Blindheit, die den Menschen davon abhält zu wissen, wer er ist, woher er kommt und wohin er geht. Diese Blindheit hängt mit unseren Schattenseiten, unseren Verletzungen, dem in uns wohnenden Negativen zusammen. An dieser Krankheit leiden wir alle, angefangen bei Adam und Eva. Doch wie wir gesehen haben, kann sie zum Segen werden.

Diejenigen, die meinen, sie sähen, sind für Jesus die wirklichen Blinden. Lassen wir uns von Jesus anschauen, so, wie wir in Wahrheit sind, auch in unserer Blindheit. Dann kann Gott seinen liebenden Blick auf uns werfen, und in diesem Licht werden wir erkennen, wie wir sind.

Setzen wir uns im Gebet diesem Licht, dieser Liebe aus. Uns in sein Licht hineinstellen: Darum geht es, nicht um ein Bündel von Vorschriften oder Gesetzen. Erst in diesem Licht geht uns auf, wie es um uns steht. Je mehr wir uns von Jesus entfernen, desto mehr bilden wir uns ein, dass wir Sehende sind; je mehr wir uns ihm nähern, desto mehr entdecken wir, dass wir selbst blind und im Dunkel sind. Und genau darin liegt Segen: Es macht uns bereit, uns von ihm heilen zu lassen.

Jesus kommt und sieht uns. Er nimmt unsere Blindheit wahr, unseren Egoismus, die Verletzungen, die wir mit uns herumtragen ..., all das, was uns oftmals schwarzsehen lässt. Er möchte uns davon befreien. Bitten wir um die Gnade, um unsere Blindheit zu wissen, anders gesagt: demütig zu werden, wahrhaftig, ehrlich zu uns selbst.

„Diese Krankheit führt nicht zum Tod", sagte Jesus, als er von Lazarus' schwerer Krankheit hörte. Das gilt auch im Blick auf uns, auf unsere Blindheit, auf das „Übel" in unserem Inneren. Es ist „notwendig", damit Jesus wirken kann. Gerade unser Elend, unsere Sündhaftigkeit und Schwachheit ziehen Gottes Barmherzigkeit an. So hat all das Negative niemals das letzte Wort, sondern wird zum Ort, wo „Werke Gottes offenbar werden" (vgl. Johannes 9,3).

Darum will ich mich gern „meiner Schwachheit rühmen" (2 Korinther 12,9).

Die Bibel ruft uns in Erinnerung, dass wir aus Staub vom Erdboden bzw. aus Tonerde gemacht sind: „Da formte Gott, der Herr, den Menschen, Staub vom Erdboden, und blies in seine Nase den Lebensatem. So wurde der Mensch zu einem lebendigen Wesen", heißt es im Buch Genesis (2,7). Und beim Propheten Jesaja: „Herr, du bist unser Vater. Wir sind der Ton und du bist unser Töpfer, wir alle sind das Werk deiner Hände" (64,7).

In der Geschichte vom Blindgeborenen hören wir, wie Jesus auf die Erde spuckte, mit dem Speichel einen Teig machte und ihn dem Blinden auf die Augen strich (Johannes 9,6). Damit erinnert er ihn an seinen Ursprung: Er soll sich bewusst werden, aus welchem „Teig" er gemacht ist. Er ist eben kein rein himmlisches Wesen, sondern entstammt der Erde, er hat seine Grenzen und Schattenseiten, so schwer das auch zu akzeptieren sein mag. Das gehört zu unserer menschlichen Natur. Aber gerade so sind wir „mehr als die Engel": Wenn Gott die Engel geschaffen hat, dann war es, um uns zu sagen, dass er uns den Engeln vorzieht.

Mit dem Teig, den Jesus dem Blinden auf die Augen legt, lädt er uns ein, zur Kenntnis zu nehmen, woraus wir gemacht sind und was alles in uns ist. Eben auch der Schmutz der Erde. Solange wir das nicht wahrhaben wollen (ohne diesen Teig auf den Augen), können wir nicht sehend werden.

Der Speichel, mit dem Jesus den Teig machte, besteht vor allem aus Wasser. Wasser aber ist im Johannesevangelium eng verbunden mit dem Gottesgeist, den es manchmal symbolisiert (vgl. 7,37; 19,34; 3,5). Speichel streicht die Mutter auf die Wunde des Kindes, das gefallen ist und sich wehgetan hat. Egal wie wirksam das aus rein medizinischer Warte sein mag – das Kind spürt die liebevolle Zuwendung, und die ist auf jeden Fall gut, auch für den Heilungsprozess.

Wie eine Mutter ist Gott für uns da, wenn wir verwundet sind.

Aus Erde sind wir gemacht, aber der Teig ist gewissermaßen auch mit Himmel „durchwirkt". Nachdem Gott den Menschen aus Staub gemacht hatte, „blies er in seine Nase den Lebensatem"; er hat seinen Geist in den Menschen hineingelegt.

Jesus habe dem Blinden den Teig auf die Augen „gestrichen", heißt es in der Übersetzung. In dem Verb steckt aber noch mehr, es kann auch „salben" bedeuten. Das lässt uns an Christus denken: „Christus" heißt „der Messias", „der Gesalbte". Sein „Teig" berührt uns: seine Menschheit und sein göttliches Wesen („wahrer Gott und wahrer Mensch"). Und er schenkt uns unser wahres Menschsein zurück.

Jesus stellt sich selbst dem Blinden vor Augen, den neuen Menschen (vgl. Galater 3,1), damit dieser die Augen öffne und sich wieder erinnere, was er als Mensch hätte sein sollen und können: Bild Gottes, ihm ähnlich (vgl. Gen 1,26); das ist unser eigentliches Wesen und unsere Berufung.

Dass wir vergessen haben, was wir sind, das ist die Blindheit, von der Jesus uns heilen möchte. Wer nicht weiß, woher er kommt und wohin er geht, ist verloren, ein Vagabund. Jesus macht uns neu bewusst, wozu wir berufen sind: Bild Gottes zu sein, ihm ähnlich; Christus, dem vollkommenen Bild des

Vaters, gleichförmig zu werden, ganz Mensch, vergöttlicht.

Wir sind berufen, Söhne und Töchter Gottes zu sein in Christus, dem Sohn – wir sind berufen, Liebe zu sein. Wenn wir ihn aufnehmen, werden wir wie er und so ganz wir selbst. Jesus sagte zu dem Blindgeborenen: „Geh und wasch dich in dem Teich Schiloach! Das heißt übersetzt: der Gesandte" (9,7). *Der* Gesandte aber ist Jesus Christus, wie Johannes zu betonen nicht müde wird (vgl. 3,17. 34; 5,36.38; 8,42; 11,42 etc.).

Noch ist der Blindgeborene nicht ganz geheilt. Jesus hat ihn mit dem Teig aus Erde und Speichel, mit dem Gottesgeist berührt, hat ihn sehen lassen, wer er ist (ein Ortloser, der nicht weiß, woher er kommt und wohin er geht), er hat ihm gezeigt, was er hätte sein sollen und können, und befähigt ihn, sich dafür zu entscheiden, zum „Schiloach", zum Gesandten zu gehen: auf das zu hören, was Jesus, der Gesandte des Vaters, uns sagt – um auf diese Weise ganz er selbst zu werden.

Die Liebe zwingt nicht. Das ist die Gnade, die uns zuteil wird: nicht die Heilung, sondern die Möglichkeit, geheilt zu werden. Weh uns, wenn da ein Gott wäre, der uns einfach ummodelt. Liebe ist immer ein freies Ja, freiwillige Bindung. Gott achtet die Freiheit seiner Kinder so sehr, dass er ihnen auch gestattet, sich zu verlieren; Liebe lässt frei.

Jesus stellt dem Blindgeborenen den neuen Menschen vor Augen. Jetzt liegt es am Blindgeborenen, Ja oder Nein zu diesem Angebot zu sagen. Sein Leben hängt von seiner Antwort ab, er ist frei, Jesus, das Wort Gottes, anzunehmen.

Wenn uns wie dem Blinden die Augen geöffnet werden und uns etwas aufgeht, ist dies immer Gabe *und* Aufgabe: Uns ist aufgegeben, auf die Gnade zu antworten. Wir sind dazu „instand gesetzt", der Weg steht uns offen, aber es ist ein Weg, ein Werden. Der Blindgeborene lässt sich darauf ein; nun ist er auf dem Weg des Glaubens. „Er kam sehend", heißt es im Original kurz und bündig.

Wieder unter den Leuten, wird er gefragt, ob er wirklich der blinde Bettler sei, den sie kannten. Seine Antwort: „Ich bin es" (9,9). Das ist dieselbe Formulierung, mit der Jesus sich selbst definiert. Der Mensch, der sich von Jesus berühren und heilen lässt, hat seine Berufung erfüllt, er ist zum „neuen Menschen" geworden.

Die Tochter des Jaïrus
und die Heilung einer kranken Frau

Betrachten wir nun einen längeren Abschnitt im Lukasevangelium, in dem zwei Geschichten ineinander gewoben sind:

„Als Jesus zurückkam, empfingen ihn viele Menschen; sie hatten alle schon auf ihn gewartet. Siehe, da kam ein Mann namens Jaïrus, der Synagogenvorsteher war. Er fiel Jesus zu Füßen und bat ihn, in sein Haus zu kommen. Denn er hatte eine einzige Tochter von etwa zwölf Jahren, die lag im Sterben.

Während Jesus auf dem Weg war, drängten sich die Menschen eng um ihn. Da war eine Frau, die schon seit zwölf Jahren an Blutfluss litt, ihren ganzen Lebensunterhalt für Ärzte aufgewandt hatte und von niemandem geheilt werden konnte. Sie trat von hinten heran und berührte den Saum seines Gewandes. Im gleichen Augenblick kam der Blutfluss zum Stillstand. Da fragte Jesus: Wer hat mich berührt?

Als alle es abstritten, sagte Petrus: Meister, die Leute zwängen dich ein und drängen sich um dich.

Jesus erwiderte: Es hat mich jemand berührt; denn ich fühlte, wie eine Kraft von mir ausströmte.

Als die Frau merkte, dass sie nicht verborgen bleiben konnte, kam sie zitternd herbei, fiel vor ihm nieder und erzählte vor dem ganzen Volk, warum sie ihn berührt hatte und wie sie sofort geheilt worden war.

Da sagte er zu ihr: Tochter, dein Glaube hat dich gerettet. Geh in Frieden!

Während Jesus noch redete, kam einer von den Leuten des Synagogenvorstehers und sagte: Deine Tochter ist gestorben. Bemüh den Meister nicht länger!

Jesus hörte es und sagte darauf zu ihm: Fürchte dich nicht! Glaube nur, dann wird sie gerettet werden!

Als er in das Haus ging, ließ er niemanden mit sich hineingehen außer Petrus, Johannes und Jakobus und den Vater des Mädchens und die Mutter. Alle Leute weinten und klagten um sie.

Jesus aber sagte: Weint nicht! Sie ist nicht gestorben, sie schläft nur.

Da lachten sie ihn aus, weil sie wussten, dass sie tot war. Er aber fasste sie an der Hand und rief: Mädchen, steh auf! Da kehrte ihr Lebensatem zurück und sie stand sofort auf. Und er ordnete an, man solle ihr zu essen geben. Ihre Eltern aber waren fassungslos. Doch Jesus gebot ihnen, niemandem zu erzählen, was geschehen war" (Lukas 8,40-56).

Zwei gleichermaßen bedeutsame Episoden sind hier zu einem Ganzen zusammengefügt. In beiden geht es um ernste Notlagen: Eine Frau leidet seit zwölf Jahren unter „Blutfluss", und ein schwerkrankes Mädchen stirbt. Wieder einmal sind es verzweifelte Situationen, die den Herrn, den Gott des Lebens, eingreifen lassen.

Jaïrus' einzige Tochter liegt im Sterben; als Jesus auf dem Weg zu dem Haus ist, wo sich dieses Drama abspielt, kommt die kranke Frau dazwischen. „Alle hatten schon auf ihn gewartet", heißt es am Anfang. Menschen in großer Zahl, alle in Erwartung: Es ist das Volk Israel, in dem wir aber auch uns alle sehen können. Auch unsere persönliche Geschichte ist eine Geschichte der Erwartung; bewusst oder unbewusst warten wir auf Christus, auf den Erlöser aus unseren Nöten, aus Krankheit und Tod.

Die Frau leidet seit Langem an Blutfluss, wie es heißt. In der semitischen Kultur gilt das Blut als Sitz des Lebens. Blut verlieren heißt Leben verlieren. Wer Blut verliert, weiß, dass er langsam dem Tod entgegengeht. Seit zwölf langen Jahren verliert diese Frau mehr und mehr an Leben, ihre Existenz wird zunehmend leerer: ein Sinnbild für die Menschheit ohne Christus. „Wer in mir bleibt und in wem ich bleibe, der bringt reiche Frucht; denn getrennt von mir könnt ihr nichts vollbringen. Wer nicht in mir bleibt, wird wie die Rebe weggeworfen und er verdorrt. Man sammelt die Reben, wirft sie ins Feuer und sie verbrennen" (Johannes 15,5b-6).

„Erwarten" und „aufnehmen" sind fundamental wichtige Verben. Wenn wir etwas oder jemand erwarten, fällt uns das „Aufnehmen" leichter. Als Menschen sind wir immer in Erwartung, auf der Suche, mit einer tiefen Sehnsucht, die daher rührt, dass wir einen Mangel, ein Ungenügen spüren. Wenn wir in der Erwartung dessen leben, was wir für unsere Verwirklichung als notwendig erachten, kann es bei uns ankommen.

Wir haben die erste Seligpreisung betrachtet: „Selig die Armen ...", sagt Jesus (Matthäus 5,2). Selig, die „leer" sind und auf Erfüllung warten! Wer meint, schon realisiert zu sein, ist buchstäblich „fertig": wie ein lebendig Toter; wie und wozu sollte Christus ihn berühren? „Weh euch, ihr Reichen", sagt Jesus und spielt damit auf die Satten an. Wie schon mehrmals gesagt: Solange wir ein „Ungenügen" spüren und Hunger, Durst nach etwas anderem haben, solange wir unruhig sind, sind wir in der Verfassung, von Christus erreicht zu werden und ihn aufzunehmen.

Die Frau hatte ihre Hoffnung auf alle möglichen Ärzte und Scharlatane gesetzt, die Leben versprechen, ohne es geben zu können. Das einzige Resultat: Sie hat immer mehr ausgegeben, bis sie ganz verarmt ist. Ein Bild für die Menschheit aller Zeiten: Wir suchen Leben, wo kein Leben ist, und das zu einem hohen Preis.

Schließlich begreift die Frau, dass Jesus der einzige Arzt ist, der ihr helfen kann. Sie bringt die besten Voraussetzungen mit, um sein Erbarmen zu finden: Sie ist eine Frau und schon damit in einer schlechten

Position, sie gilt als unrein, sie hat womöglich nicht mehr lange zu leben, sie ist völlig mittellos ... *Sie* darf Jesus berühren. Es sind Menschen wie sie, die so an ihn herantreten. Bei Markus heißt es: „Er heilte viele, sodass alle, die ein Leiden hatten, sich an ihn herandrängten (oder: sich auf ihn warfen), um ihn zu berühren" (Markus 3,10).

Glauben heißt: sich erlauben, den zu berühren, der als Erster uns berührt hat. Als wir noch Gottlose, als wir noch Sünder waren, hat Gott seine Liebe zu uns darin erwiesen, dass Christus für uns gestorben ist (vgl. Römer 5,6-10). Wir hätten keinen Zugang zu ihm und seinem Leben, wenn er nicht als Erster diesen Schritt der Liebe getan hätte. Die Gnade ist immer buchstäblich „zuvorkommend", wir sind schon von Gott geliebt. Glauben heißt also den lieben, der uns zuerst geliebt hat. Dem Antwort geben, der schon zu uns gekommen ist. Also nicht: zum Himmel aufsteigen, sondern sich dem Himmel öffnen, der sich unser angenommen hat. Ja sagen zu einer Liebe, die schon da ist.

Die Frau berührt seinen *Mantel* (vgl. auch Ezechiel 16,8).

Mit dem Mantel seiner Liebe umhüllt er uns, er, dem die Kleider genommen wurden, bevor er gekreuzigt wurde. Dank seiner Nacktheit hat er uns bekleidet; durch seine Wunden sind wir geheilt (vgl.

1 Petrus 2,24b); sein Tod hat uns neues Leben gebracht. Sein Gewand berühren, das heißt ihn berühren. Tatsächlich fragt er: „Wer hat *mich* berührt?"

Lukas sagt seiner Gemeinde (und uns allen), dass es möglich ist, mit Jesus in engsten Kontakt zu kommen, ohne ihn selbst physisch zu berühren. Nicht zuletzt dadurch, dass wir ihn im „Mantel" seines Wortes berühren. Sein Wort ist für uns, was Jesu Mantel für die kranke Frau war. Sein Wort heilt, wie es ein Hauptmann ausdrückte, der sich selbst nicht für würdig gehalten hatte, zu Jesus zu kommen; er sagt: „Aber sprich nur ein Wort, dann wird mein Diener gesund" (Lukas 7,7). In seinem Wort ist Jesus weiterhin unter uns, in seinem Wort berühren wir ihn selbst.

Glauben heißt: sein Wort aufnehmen. Paulus sagt, der Glaube komme vom Hören (vgl. Römer 10,14). Im Hören auf sein Wort nehmen wir Christus bei uns auf, der für uns da sein möchte, in unser Leben Eingang finden will, um uns zu heilen und den Durst unseres Herzens zu stillen, das sich nach Heil und Fülle sehnt. Dann werden wir aufhören, überall auf die „Suche nach Leben" zu gehen wie jene kranke Frau und dabei unsere kostbarsten Ressourcen aufzubrauchen.

Nun gibt es verschiedene Weisen, den Kontakt zu Jesus zu suchen, ihn berühren zu wollen. Entweder in einer falschen Erwartungshaltung, die mit dem illusorischen Glauben verbunden ist, man könnte aus eigener Kraft zu ihm finden. Oder in der Bereitschaft, sich von ihm überraschen zu lassen und ihn mit offenem Herzen aufzunehmen. Das eine ist „Religion", das andere echter Glaube. Das eine ist Magie, das andere ist Staunen: Staunen darüber, wie Gott unsere Sehnsucht stillt, staunendes Annehmen seiner Gabe.

Es heißt, „die Frau merkte, dass sie nicht verborgen bleiben konnte" (Lukas 8,47). Man hat sie entdeckt. Sie zittert. Es kann schwer sein, „gesehen zu werden". Es fällt uns nicht leicht, unsere inneren Nöte, unsere Leere, unsere abgründige innere Armut etc. zu zeigen. Aber sich zu zeigen, wie man ist, hilft weiter als alles Geldausgeben: Die Frau „outet sich", um es mit einem Modewort zu sagen, sie spricht offen von ihrer Not und von der Barmherzigkeit Gottes.

Denken wir in diesem Zusammenhang auch an den Zöllner Zachäus, der meinte, „oben" sein zu müssen. Jesus sagt ihm: „Komm schnell herunter" (Lukas 19,5). Heruntersteigen, sich in aller Offenheit zeigen, nicht um jeden Preis seine Schattenseiten verbergen, das kann helfen, Verständnis zu finden und vielleicht auch herauszukommen aus der eigenen Not.

Die Frau hat nicht nur erzählt, warum sie Jesus berührt hatte, sondern auch, wie sie „sofort geheilt wurde". Sie bekennt die Macht und das Erbarmen Gottes. Es ist ein Akt des Glaubens, über die eigene Not und

Schwachheit zu sprechen, ein Akt des Glaubens und Vertrauens, der uns Gottes Barmherzigkeit erfahren lässt. Von daher verstehen wir, dass Jesus zu der Frau sagt: „Dein Glaube hat dich gerettet!"

Glauben heißt: an die Liebe glauben, dem Leben trauen, das stärker ist als der Tod, stärker als alles, was uns Leben „nimmt".

In Vers 49 erfahren wir dann, dass die Tochter des Jaïrus inzwischen gestorben ist. Wir pflegen zu sagen: „Solange man lebt, gibt es Hoffnung!" Gott denkt anders: Die Hoffnung *beginnt*, wo das Leben mitsamt seinen Hoffnungen entschwindet. Solange wir selbst Grund zu hoffen haben, liegt die Verantwortung bei uns. Gott entbindet uns nicht davon. Er, für den nichts unmöglich ist (vgl. Lukas 1,37), agiert im Raum des Unmöglichen.

Beim Propheten Ezechiel heißt es: „Ihr werdet erkennen, dass ich der Herr bin, wenn ich eure Gräber öffne und euch, mein Volk, aus euren Gräbern heraufhole" (37,13). Wir setzen unser Vertrauen auf den Herrn, der Leben schenkt. An ihn glauben wir. Das Heil, das Jesus schenkt, ist nicht die Befreiung von irgendwelchen Übeln (er macht den Ärzten keine Konkurrenz!), sondern die Überwindung *des* Übels namens Tod. Würden wir nicht an die Auferstehung glauben – an die Auferstehung der Toten und die Auferweckung Christi als des „Ersten der Entschlafenen" –, dann wäre unser Glaube „leer" und „nutzlos", wie Paulus schreibt (vgl. 1 Korinther 15,12-22).

Jesus sagt zu Jaïrus: „Glaube nur!" Dieses „Glauben haben" markiert den Raum, in dem Gott handeln kann. Ohne Glauben kann er nicht eingreifen: Gäben wir ihm diesen Raum nicht, müsste er uns Gewalt antun, um zu agieren. Doch die Liebe lässt, um es noch einmal zu sagen, frei.

Glauben wir also, dass die Liebe stärker ist als der Tod. Glauben wir daran, dass Jesus durch seinen Tod unseren Tod auf sich genommen hat und durch die Auferstehung unser Leben gerettet hat. Das Mädchen „schläft nur", sagt Jesus, es schläft und kann „geweckt" werden, weil *er* entschlafen ist und begraben wurde, um auferweckt zu werden.

Das Mädchen war zwölf Jahre alt, ein Alter, ab dem es nach damaliger Sitte hätte heiraten können. Und nun gibt es in dem Haus statt einer Hochzeitsfeier nur Tränen und Verzweiflung. Doch Christus, so zeigt die Episode, kann die Familie, ja die Menschheit aus der Totenklage herausführen.

Er schenkt Leben in Fülle, schon jetzt. Alle Evangelien zeigen auf ihre Weise, dass er befreit aus der tödlichen Krankheit eines „Lebens ohne Leben". Er möchte, dass unser Leben glücklich ist, wert, gelebt zu werden. Leben in Fülle, nicht erst nach dem Tod, sondern schon jetzt, hier und heute – selbst inmitten aller Bedrängnis, mit all unseren Grenzen.

Wie die Frau im Hohelied ohne den geliebten Bräutigam krank wird vor Liebe und ihn um Stärkung und Erquickung bittet (vgl. Hoheslied 2,5), wie sie ihn braucht, um wirklich leben zu können, so braucht das Mädchen Jesus, so brauchen auch wir ihn.

Gott ist der „Bräutigam", der sich mit uns vereinigt durch sein Wort; wenn wir es hören, es aufnehmen und in Vereinigung mit ihm leben, dann wird unser Leben voller, erfüllter. Sonst droht es immer „blutleerer" zu werden, bis es schließlich erloschen ist, und das schon in einem Alter, in dem es eigentlich zu feiern gilt! Recht besehen gilt das in jedem Alter; denn wir alle sind für die Freude, für ein Fest der Freude, für die „Vermählung mit unserem Bräutigam" geschaffen. Sein erstes großes „Zeichen" hat Jesus nicht zufällig auf einer Hochzeit getan: Das Leben, das er bringt, ist ein Fest! Warum nur erwecken wir so oft den Eindruck, Christsein sei eine traurige Veranstaltung? Es sollte ein Fest sein, ein Hochzeitsfest mit dem Bräutigam in unserer Mitte!

Das Bild der Vermählung sagt uns, dass wir für eine tiefe Gemeinschaft gemacht sind. Adam erwachte erst aus seinem tiefen Schlaf, als Eva an seine Seite trat (vgl. Genesis 2,21), als Braut und Bräutigam zusammen waren. Das Mädchen in unserer Geschichte wird „erweckt", als Christus kommt. Jetzt endlich ist, um im Bild zu bleiben, der neue Adam erschienen, Christus, der entschlief, um als Auferstandener der neues Leben bringende Bräutigam der Menschheit zu sein.

In dem Zimmer, in dem das Mädchen liegt, sind außer Jesus sechs Personen, er ist der siebte. Die Sieben steht für Vollkommenheit und Fülle. Denken wir etwa an die Frau aus Samarien (vgl. Johannes 4): Bevor sie Jesus trifft, hat sie sechs Männer gehabt, doch erst die Begegnung mit Jesus im eigenen Leben bringt Erfüllung. Wir können uns wenden, wohin wir wollen: Wir werden sie so nirgendwo sonst finden.

Jesus setzt dabei, wie wir immer wieder gesehen haben, gerade bei unseren Grenzen an, oftmals da, wo wir selbst nicht mehr können. Was er sagt, scheint absurd: „Weint nicht", sagt er denen, die den Tod des Mädchens beklagen. „Geh!", sagt er zu dem Gelähmten, und zu dem Aussätzigen: „Sei rein!" Dem Mann mit der verkümmerten Hand sagt er: „Streck deine Hand aus!" und so weiter. Als er den Umstehenden sagte, das Mädchen schlafe nur, „lachten sie ihn aus". Ein tragisches Lachen im Angesicht des Todes … „Er aber fasste das Mädchen an der Hand", und als er rief: „Mädchen, steh auf!", „kehrte ihr Lebensatem (griechisch: *pneuma*, lateinisch: *spiritus*, wörtlich: Geist) zurück" (Lukas 8,55): das Leben Gottes, das Jesus schenkt – diesem Mädchen und allen Menschen, deren Leben dabei ist zu erlöschen.

Das Mädchen, das für die Menschheit steht, kehrt nicht einfach zurück ins Leben (es ist nicht die Geschichte von der Wiederbelebung eines Leichnams!), sondern bekommt *neues Leben* geschenkt. Selbst wenn wir viele Leben hätten, wäre nicht gesagt, dass es uns gelänge, auf neue, auf andere Weise zu leben. Nicht „viele Leben" führen zu unserer Verwirklichung, sondern nur *ein* Leben: ein Leben *in* der Liebe *aus* der Liebe dessen, der uns liebt, der uns mit all unseren Grenzen, in all unserer Unvollkommenheit bedingungslos liebt.